KANARISCHE INSELN

Erste Seite:
Der Pfad von Masca durch den Barranco (Schlucht) hinunter ans Meer gehört zu den schönsten Wanderwegen auf Teneriffa. So sind in der Saison und an den Wochenenden recht viele Leute unterwegs. Für die Strecke hin und zurück sollte man ungefähr fünf Stunden einplanen. Im Hintergrund sieht man La Gomera.

Die Playas de Sotavento auf Fuerteventura garantieren optimale Badefreuden – eine fantastische Kulisse eingeschlossen. Die touristische Entdeckung der insgesamt 20 Kilometer langen feinsandigen Strände an der Südostküste der Halbinsel Jandía begann erst vor rund vier Jahrzehnten.

MIT BILDERN
VON JÜRGEN RICHTER
UND TEXTEN
VON ERNST-OTTO LUTHARDT

INHALT

KANARISCHE INSELN

DIE KANAREN – INSELN DES EWIGEN FRÜHLINGS — Seite 16

LAVA UND SAND – LANZAROTE UND FUERTEVENTURA — Seite 30

Special — Seite 42
WENN SICH DIE ERDE ÜBERGIBT – VULKANISMUS ZUM ANFASSEN

Special — Seite 52
DER VISAGIST VON LANZAROTE – CÉSAR MANRIQUE

KONTINENTE IM KLEINEN – TENERIFFA UND GRAN CANARIA — Seite 70

Special — Seite 94
PICO DEL TEIDE – DIE HÖLLE IM HIMMEL

Seite 8/9:
Auf Grund seiner exponierten Lage am Meer und der schönen alten Bebauung ist Garachico ein beliebtes Ausflugsziel. Gegründet wurde das Städtchen im Jahre 1496 von dem Genuesen Cristóbal de Ponte. Schon 100 Jahre später galt es – dank des Handels – als reichster Ort Teneriffas.

Special   Seite 116
SEMANA SANTA UND KARNEVAL –
VON DER HOHEN KUNST DES FEIERNS

(FAST) WIE IM PARADIES –   Seite 128
EL HIERRO, LA GOMERA,
LA PALMA

Special   Seite 138
FRISCH AUF DEN TISCH –
DIE KANARISCHE KÜCHE

Special   Seite 144
NOCH IMMER VON
GEHEIMNISSEN UMWITTERT –
DIE ALTKANARIER

Register   Seite 154
Karte   Seite 155
Impressum   Seite 156

Seite 12/13:
Die kleine Ortschaft El Pris ist nahe Tacoronte (Teneriffa) gelegen, wo ein köstlicher Wein gekeltert wird. Die Bewohner ernähren sich nach wie vor vom Fischfang. Im Hintergrund reckt sich der Teide in den blauen Himmel.

Seite 14/15:
Fast am Ende der Welt: Lo del Gato auf La Gomera. Die von grünen Terrassenfeldern umgebene alte Ortschaft liegt, etwa zehn Kilometer von Playa de Santiago entfernt, in der Felsenschlucht von Benchijigua versteckt.

DIE KANAREN – INSELN DES EWIGEN FRÜHLINGS

Wir kommen schon seit einigen Jahren zu ihm. Die Anfahrt in das kleine Nest im Anaga-Gebirge (Teneriffa) ist zwar schmal, kurvenreich und mühselig, aber sie lohnt sich. In der Gastwirtschaft, die zu einem Drittel Wohnung, zum anderen Laden ist, gibt es die besten Kaninchen, die wir je gegessen haben, und einen Wein, der erst ab dem dritten Glas schmeckt. Dann aber so gut, dass man nicht mehr damit aufhören kann. Der Fernseher, der immer läuft, läuft heute nicht. Die Stille knistert wie brennendes Holz. Und der Wein leuchtet so rot wie der Mond. Der Wirt zeigt uns Bilder von seinem Sohn, der auf dem spanischen Festland arbeitet, der Schwiegertochter und den beiden Enkeln. Wir kennen sie schon. Dann lässt er

Das Anaga-Gebirge erstreckt sich über den gesamten nordöstlichen Zipfel Teneriffas. Dem zerklüfteten Bergmassiv sind etliche malerische Dörfer eingesprenkelt. Die Bewohner von Taganana lebten noch bis vor 50 Jahren von der Außenwelt ziemlich abgeschieden.

sich, ebenfalls zum wiederholten Male, bestätigen, wie sehr es uns hier gefällt. Und stellt plötzlich mit einem mitleidigen Kopfnicken fest, dass es – wenn wir so oft hierher kommen und uns dafür vier Stunden in den engen Flieger zwängen – in Deutschland nicht besonders schön sein kann.

Die Leute von den Kanaren lieben ihre Heimat über alles. Dass sie sie trotzdem in Scharen gen Karibik und Lateinamerika verließen, geschah nicht aus freien Stücken, sondern aus existentieller Not und purer Verzweiflung. Das ist vielleicht der Grund, weshalb sie so erstaunlich gelassen auf jene Afrikaner reagieren, von denen in letzter Zeit immer mehr anlanden. Im letzten Jahr waren es über 30 000. Unter den Urlaubern indes gibt es etliche, die sich in ihrer Idylle bedroht fühlen. Egal ob menschliches Elend oder der Müll und die Klamotten der Gestrandeten – es passt nicht zu den „Inseln der Glückseligen". Fehlt bloß noch, dass auch die Natur verrückt zu spielen beginnt – zuviel Hitze oder so – und es dann mit dem ewigen Frühling vorbei ist.

MEERGEBOREN ...

Auf den Kanarischen Inseln leben etwa zwei Millionen Menschen. Vier Fünftel davon auf Teneriffa und Gran Canaria, auf La Gomera und El Hierro hingegen nur 20 000 beziehungsweise

Oben:
Mit der kanarischen Zwergbanane ist das so eine Sache. Wie ihr Name sagt, ist sie ziemlich untersetzt. Zweitens hat sie enormen Durst. Und drittens bekommt sie vom Liegen (Transport) schnell braune Flecken. Was allerdings ihre Süße, also den Geschmack betrifft, schlägt sie alle anderen Konkurrenten aus dem Feld.

10 000. Diese beiden sind auch flächenmäßig am kleinsten. El Hierro ist ganze 269 Quadratkilometer groß. Zum Vergleich: Teneriffa und Fuerteventura, die beiden größten Inseln, erstrecken sich über 2034 und 1660 Quadratkilometer.

Gleich Aphrodite tauchten die Kanaren aus den Fluten des Meeres auf. Doch bei ihrer Geburt ging es nicht so friedlich-kitschig wie bei der schönen Göttin, sondern gewalttätig-feurig zu. Sie begann vor reichlich 20 Millionen Jahren und dauerte ziemlich lange. Der erste große Klumpen erstarrter Lava, der aus dem Wasser auftauchte, war Fuerteventura. Danach dauerte es fünf Millionen Jahre, ehe der Atlantik mit Lanzarote sein zweites von insgesamt dreizehn – neben den bekannten sieben großen Inseln gibt es noch sechs kleine – kanarischen Kindern in die Welt setzte. Die anderen folgten in unregelmäßigen Abständen nach. Jüngster Sprössling ist, mit einer Million Jahren, El Hierro. Vielleicht gibt es irgendwann noch weitere Nachgeburten.

Nicht aus dem Schoß des Atlantiks, sondern vornehmlich aus England, Deutschland und Festlandspanien ergießt sich seit den Sechziger- und Siebzigerjahren der Strom der Touristen über die Inseln. Er hat sich in den letzten Jahren auf jährlich rund zehn Millionen eingependelt und ist damit zum wichtigsten Wirtschaftszweig geworden. Im gleichen Maße ging der Fischfang zurück. Nur die Landwirtschaft konnte einigermaßen mithalten. Sie konzentriert sich auf die zentral und westlich gelegenen Inseln. Gemüse, Blumen und tropische Früchte werden auch exportiert. Mit Ausnahme der kleinen, aber äußerst wohlschmeckenden Bananen, die zwar vorschriftsmäßig krumm, aber unerlaubterweise zu kurz sind und damit dem Idealbild der EU-„Experten" widersprechen. So müssen sie in Spanien verbleiben und dürfen das Land bei Strafe nicht verlassen. Für Landwirtschaft und Tourismus gleichermaßen ein großes Problem ist das Wasser. Das, was vom Himmel kommt, reicht längst nicht mehr. Deshalb werden immer mehr Entsalzungsanlagen gebraucht.

DER GARTEN DER HESPERIDEN

Die Kanaren sollen nicht nur mit den Elysischen Gefilden, also dem antiken Paradies, sondern auch mit den Inseln der Hesperiden identisch sein. Immerhin war es der große Herodot, bei dem zu lesen steht: „Die Welt hört auf, wo das Meer nicht mehr schiffbar ist, wo sich die Gärten der Hesperiden ausbreiten, wo Atlas das Gewicht des

Firmaments trägt ..." In die gleiche Richtung zielt die Herakles-Sage. Die elfte Aufgabe des griechischen Rambo bestand darin, die in einem von den Hesperiden und einem hundertköpfigen Drachen bewachten Garten reifenden goldenen Äpfel zu rauben. Zu diesem Zweck musste unser Held bis ans Ende der Welt reisen, wo er auf den Riesen Atlas traf, der die Last des Himmels trug. Dem Rat des cleveren Prometheus folgend, wagte er den Kampf mit dem schrecklichen Ungeheuer nicht selber, sondern spannte den zwar starken, aber dämlichen Riesen für seine Zwecke ein. Wie Herakles nicht anders erwartet hatte, erledigte Atlas seine Aufgabe bestens. Nachdem er den Drachen totgeschlagen und die Hesperiden ausgetrickst hatte, brachte er tatsächlich die drei goldenen Äpfel an. Allerdings hatte er inzwischen an der neuen Freiheit Gefallen gefunden und keine Lust mehr, den Himmel zurückzunehmen. Da bis er sich ein Tuch darum gewunden habe. Der Ausgang der Geschichte ist bekannt: Herakles bekam den Himmel tatsächlich wieder los. Interessant ist dabei, dass auch die Geografie aufgehen könnte. Liegen doch die Kanaren und das Atlasgebirge nicht allzu weit entfernt.

WIE ADMIRAL NELSON SEINEN ARM VERLOR

Im Gegensatz zu den ersten Seefahrern, die im frühen Mittelalter eher sporadisch auf den Kanaren auftauchten, machten die Spanier Tabula rasa. Sie eroberten die Inseln und wer sich von den Ureinwohnern nicht fügte, war des Todes. Andererseits sind sich die Anthropologen inzwischen ziemlich sicher, dass sich doch mehr von ihnen mit den Eroberern arrangiert und damit ihr Leben gerettet haben, als man bislang glaubte.

Unten:
Schafherde bei San Andrés auf El Hierro. Die Ortschaft ist bekannt für ihren großen Viehmarkt, der jedes Jahr am ersten Sonntag im Juni im Rahmen der Fiesta de Apañada abgehalten wird. Das bunte Spektakel lohnt auf alle Fälle einen Besuch.

die Sache für Herakles einen schlimmen Ausgang zu nehmen drohte, blieb diesem nichts anderes übrig, als auf Mitleid zu machen – was erfahrungsgemäß fast immer zieht. Er fing also an, laut zu jammern. Klagte, dass sein Kopf die schwere Last nicht gewohnt wäre und eines Schutzes bedürfe. Atlas möge doch bitte so freundlich sein, wenigstens so lange für ihn einzuspringen,

Jedenfalls missgönnten die Engländer den neuen Herren den lukrativen Besitz und unternahmen wiederholte Versuche, selber dort Fuß zu fassen. Zuletzt am Abend des 24. Juli 1797, als Admiral Nelson mit neun Kriegsschiffen vor Teneriffa aufkreuzte und im Hafen von Santa Cruz Anker warf. Seine Forderung nach der Übergabe der Insel beantwortete der Kommandant des Kastells

Links:
Die Aeoniumpflanze gehört zur Gattung der Sukkulenten. Ihre Familie zählt 35 verschiedene Arten. Angesichts der dickfleischigen Rosettenblätter ist die Verwandtschaft mit unserer heimischen Hauswurz nicht zu leugnen.

Ganz Links:
Wildwachsende Aloe im Anaga-Gebirge (Teneriffa). Wie man sieht, hat die Pflanze außer ihrer von der pharmazeutischen und kosmetischen Industrie genutzten Heilkraft auch eine wunderschöne Blüte.

Rechts:
Corralejo ist die nördlichste Ortschaft auf Fuerteventura. Hier mangelt es nicht an diversen Möglichkeiten der Einkehr. Eines der beliebtesten Restaurants an der Uferpromenade ist das „El Sombrero".

Oben:
An den elf Fakultäten der Universität von La Laguna (Teneriffa) sind rund 20 000 Studenten eingeschrieben. Seit dem Bau des neuen Komplexes im Süden der Stadt wird das alte Gebäude als Bibliothek und Archiv genutzt.

von San Cristóbal mit einem Schuss aus der schweren Festungskanone und eröffnete damit die Schlacht um Teneriffa. Die dreihundert schlecht bewaffneten Verteidiger wurden nicht nur mit 2000 Marineinfanteristen fertig, sondern widerstanden auch dem Dauerfeuer der fast 400 Schiffsgeschütze. Mit dem Sieg der Spanier ging jener Kanonentreffer in die Weltgeschichte ein, der zweiundzwanzig englische Matrosen in den Tod riss und zugleich Admiral Nelson einen Arm kostete. Zwei Jahre nach diesem denkwürdigen Ereignis setzte Alexander von Humboldt seinen Fuß auf die Inseln. Er und seine naturforschenden Kollegen wie die Botaniker und Zoologen Sabin Berthelot und Barker Webb, der Geologe Leopold von Buch, der Zoologe und Naturphilosoph Ernst Haeckel oder der Botaniker Hermann Christ suchten nicht materiellen, sondern geistigen Besitz. Besonders der Vulkanismus und die Flora faszinierten sie. Dass ungefähr 30 Prozent aller Pflanzen endemisch sind, also nur hier vorkommen, ist in der Tat ungewöhnlich.

Als sich General Francisco Franco im Jahre 1936 im sogenannten Esperanzawald von Teneriffa mit Gleichgesinnten traf, ging es nicht etwa um botanische Studien, sondern um den Sturz der demokratisch gewählten spanischen Regierung. Dem blutigen Bürgerkrieg folgte eine brutale Militärdiktatur, die dem Land für mehrere Jahrzehnte die Freiheit vorenthielt.

HERR KOLUMBUS GIBT SICH DIE EHRE

Als sich Christoph Kolumbus am Freitag, dem 3. August 1492, auf jene denkwürdige Reise begab, an deren Ende die Entdeckung Amerikas stand, machte er auf den Kanaren Station. Eigentlich wollte er sich nur verproviantieren. Doch die „Pinta", eines seiner drei Schiffe, leckte. Außerdem bedurfte das Steuerruder der Reparatur. Da dies viel mehr Zeit als geplant in Anspruch nahm, nämlich einen ganzen Monat, verknüpfte das Schicksal die Vita des Admirals enger mit Gran Canaria, als das normalerweise der Fall gewesen wäre.

Natürlich ist man dort mächtig stolz auf diesen Besuch. In Las Palmas, wo sich die Spanier gerade einzurichten begannen, wurde jener Palast, in dem er damals als Gast des Statthalters geweilt haben soll, nach ihm benannt: „Casa de Colón" (so die spanische Schreibweise seines Namens). Dort werden die Modelle der drei Schiffe und die Nachbildung seiner Kapitänskajüte auf der „Santa Maria" gezeigt. Außerdem verschiedene historische Seekarten und nautische Gerätschaften sowie diverse schwere Geschütze. Nur einen Katzensprung entfernt, an der Kirche San Antonio Abad, kann man einer Tafel entnehmen, dass Kolumbus hier vor seiner Weiterreise die Hilfe Gottes erbeten hat.

Den gleichen Ruhm nimmt auch die Auferstehungskirche in La Gomeras Hauptstadt San Sebastián in Anspruch. Allerdings geht es in diesem Falle um seinen zweiten Aufenthalt auf den Kanaren im Jahre 1493. Damals residierte die wunderschöne, aber skrupellose Beatriz de Bobadilla auf La Gomera. Die einstige Mätresse König Ferdinands empfing den Admiral hinter den mächtigen Mauern des Torre del Conde, wohin sie sich nach der Ermordung ihres Gatten zurückgezogen hatte. Die Legende weiß, dass sich die beiden ziemlich nahe gekommen sind. Offenbar verfehlte die Kombination aus roten Haaren und grünen Augen auch bei Kolumbus nicht ihre Wirkung. In zweiter Ehe heiratete die bewusste Dame jedoch nicht ihn, sondern Alonso Fernández de Lugo, den mächtigsten Mann der Inseln.

Streng genommen müssten die Kanarier Kolumbus nicht nur feiern, sondern ihm auch zürnen. Doch wie überall vergaßen die Leute auch hier das Unangenehme schnell. Vermutlich hat sich der Admiral gar nichts dabei gedacht, als er die Zuckerrohrpflanze, die damals das wirtschaftliche Rückgrat des Archipels bildete, mit auf die Antillen nahm, wo sie noch viel besser gedieh. Vor allem aber musste die menschliche Arbeitskraft nicht entlohnt werden, denn es gab Sklaven mehr als genug. So war es nur eine Frage der Zeit, bis die Plantagen von den Kanaren auf die Antillen verlegt wurden. Übrigens: Kolumbus war noch ein drittes Mal hier. Und zwar 1502, auf seiner vierten Fahrt in die Neue Welt.

WELTKULTURERBE LA LAGUNA

Wie der Name sagt, war es eine – inzwischen ausgetrocknete – Lagune, an deren Ufer sich der spanische Eroberer Alonso Fernández de Lugo im Jahre 1496 niederließ, um von dort aus nicht nur die Insel Teneriffa, sondern den gesamten Archipel zu regieren. Hier liefen alle Fäden der Macht zusammen. 227 Jahre lang war das – so der offizielle Titel – „sehr edle und treue" La Laguna Hauptstadt der Kanaren, ehe ihm Santa Cruz den Rang ablief. Rund 100 Jahre später wurde es wenigstens Bischofssitz.

Die heute circa 130 000 Einwohner zählende Kommune gilt als die „spanischste Stadt" auf den Inseln. Anders gesagt: Nirgendwo sonst trifft man auf so viele schöne Gebäude im Kolonialstil des 16. und 17. Jahrhunderts. Prächtigster Profanbau ist der Palacio de Nava an der Plaza del Adelantado, der einer der einflussreichsten Familien gehörte. Sehenswert ist das benachbarte Kloster Santa Catalina mit dem schönen Söller und dem trotz eines Blitzschlags noch eindrucksvollen Drachenbaum im Garten.

Unten:
Das Museum Casa de Colón in der Altstadt von Las Palmas (Gran Canaria) erinnert an Christoph Kolumbus, der auf seinen Reisen in die Neue Welt gleich dreimal auf den Kanarischen Inseln Station gemacht hat. Besagtes Gebäude stand allerdings damals noch nicht.

Links:
Die Kirche Nuestra Señora de la Asunción in San Sebastián ist das bedeutendste Gotteshaus auf La Gomera. Im Verlaufe ihrer mehr als fünfhundertjährigen Geschichte mehrmals zerstört und wiederaufgebaut, erhielt sie ihr heutiges Aussehen im ersten Viertel des 17. Jahrhunderts.

Von den Kirchen ist die Kathedrale Santa Iglesia die größte. Zu den wertvollsten Ausstattungsstücken zählt das Altargemälde. Es wurde von dem Flamen Hendrik van Balen (1575–1632) gemalt, der den großen van Dyck unterrichtet hatte. Im Gegensatz zum lebenden Alonso Fernández de Lugo, dem Stadtgründer und Regenten, gibt sich der Tote eher schlicht. Sein Grab hinter dem Altar entbehrt jeglichen Prunks.

Eines der interessantesten Gotteshäuser des gesamten Archipels ist die Iglesia de Nuestra Señora de la Concepción, die in der ersten Hälfte des 16. Jahrhunderts erbaut wurde und als nationales Kulturdenkmal ausgewiesen ist. Unverwechselbar ist der im sogenannten Mudéjarstil – benannt nach den zum Christentum konvertierten Mauren – geschmückte Turm, der erst 150 Jahre später hinzukam. Neben der großartigen farbigen Holzdecke seien noch der mit Silber beschlagene Hauptaltar sowie jenes glasierte Taufbecken erwähnt, an dem den letzten Guanchenfürsten die zweifelhafte Gnade zuteil wurde, sich dem neuen Gott, sprich: den spanischen Eroberern, untertan zu machen.

DAS GEHEIMNIS DES KANARISCHEN DRACHENBAUMS

Von der so vielfältigen Flora der Kanarischen Inseln fällt der Drachenbaum zuerst ins Auge. Doch näher betrachtet ist die Sache einigermaßen verwirrend. Der Dracaena draco ist nämlich gar kein Baum, sondern sieht nur so aus. Botanisch gesehen gehört er zur Familie der Mäusedorngewächse, der Klasse der Einkeimblättrigen und der Ordnung der Spargelartigen. Und, man will es nicht glauben, er ist ziemlich eng mit den Lilien verwandt.

Junge Bäume bilden nur einen einzigen Stamm aus. Das ändert sich aber nach der ersten Blüte. Sprich: Nach etwa zehn Jahren gehen sie nicht nur in die Höhe, sondern auch in die Breite. Und wachsen weiter und werden alt. Steinalt sogar. 3000 Jahre soll angeblich jener Methusalem unter den Drachenbäumen sein, der sich in der Ortschaft Icod de los Vinos auf Teneriffa gehörig bewundern lässt. Ob das sagenhafte Alter wirklich stimmt, sei dahingestellt. Selbst wenn es sich „nur" um einen Sechshundertjährigen handeln sollte – worauf sich die meisten Experten inzwischen festgelegt haben, ist die Reverenz durchaus angebracht. Wie alt er wirklich ist, wird für immer sein Geheimnis bleiben. Besitzt doch der Dracaena draco – im Unterschied zu richtigen Bäumen – keine Jahresringe.

Den Altkanariern war der Drachenbaum sowohl heilig als auch nützlich. Sein „Blut", eine farblose harzige Ausscheidung, die sich an der Luft dunkelrot färbt, wurde entzweigebrochenen Gliedmaßen aufgetragen und half andere Verletzungen heilen. Außerdem diente es zur Mumifizierung der Toten. Die Spanier übernahmen seine Vermarktung und ließen es sich mit Gold aufwiegen. Doch ging ihnen der von den Altkanariern praktizierte „Aderlass" nicht schnell genug. Die Drachenbäume wurden nun nicht mehr angezapft, sondern gleich gefällt. In freier Natur sieht man sie heute nur noch auf La Palma relativ häufig. Zu ihrem Namen kamen sie wahrscheinlich dadurch, dass abgebrochene Triebe gleich mehrfach neu

Unten rechts:
Schon lange vor der Einführung des Stabhochsprungs hat man auf den Kanaren den hölzernen Hirtenstab genutzt, um möglichst schnell von den Berghängen hinunter ins Tal zu gelangen. Allerdings sind diese Sprünge viel schwieriger und gefährlicher, als sie vielleicht aussehen mögen.

Unten:
Der Rote Teide-Natternkopf, der eine Höhe von bis zu zwei Metern erreicht, gilt als botanisches Wahrzeichen Teneriffas. Man findet ihn inzwischen nicht nur am namensgebenden Bergmassiv, sondern auch in Gärten und Parks.

Oben:
Im Gegensatz zu den Mandelbäumen werden die Drachenbäume (hier in Agalán auf La Gomera) heute nicht mehr wirtschaftlich genutzt. Die Altkanarier hatten das Harz noch für Salben und andere Heilmittel verwendet.

austreiben. Eben wie bei einem Drachen, wo anstelle eines abgeschlagenen Kopfes mindestens zwei neue nachwachsen.

GESUNGEN UND GEPFIFFEN

Seltsame Vögel gibt es viele. Der Kanarienvogel ist einer von ihnen. Wer allerdings in dessen Urheimat nach dem berühmten Sänger im gelben Galakostüm Ausschau hält, wird ihn, wenn er ihn zu Gesicht bekommen sollte, kaum wiedererkennen. Sind doch inzwischen 500 Jahre vergangen, seitdem die Spanier den Kanarengirlitz – so sein eigentlicher Name – außer Landes brachten, wo er erst die Salons der Adeligen und später die Wohnzimmer der Bürger eroberte. Dabei musste er verschiedene züchterische Eingriffe über sich ergehen lassen. Und zwar nicht nur beim Outfit – der Kanarengirlitz ist nicht bunt, sondern graugrün, also eher unauffällig gekleidet, sondern auch an der Stimme. Grundlage war das erstaunliche Hörvermögen des Vogels, der lange Tonfolgen unterscheiden, speichern und wiedergeben kann. Als Vorsänger wurden unter anderem Nachtigallen eingesetzt. Die ersten berühmten Gesangsstars kamen aus Südtirol. Im 19. Jahrhundert setzten dann die „Harzer Roller" Maßstäbe. Hier wie dort dienten die gelehrigen Vögel sogar als lebendige Alarmanlage. Warnten sie doch die unter Tage arbeitenden Bergleute, wenn dort die Luft zu dünn wurde.

Auf La Gomera pfeifen nicht nur die Kanarengirlitze oder andere Vögel, sondern auch die Menschen. „El Silbo" wird die Pfeifsprache geheißen, mit der man sich dort seit alters verständigt. Zu diesem Zweck steckt man Zeige- und Mittelfinger in den Mund und setzt mit Hilfe der Zunge und indem man die Lippen spitzt oder in die Breite zieht die „normale" Sprache in Pfeiftöne um. Die andere Hand wird als Schalltrichter benutzt, durch den die Pfiffe in die gewünschte Richtung geleitet werden.

Je nach Standort und Windrichtung können sich zwei Silbadores, wie die Pfeifer genannt werden, auf eine Entfernung von bis zu zehn Kilometern verständigen. Und zwar über Berg und Tal hinweg, was bei der Topografie dieser Insel, die von tiefen Schluchten durchzogen wird, besonders wichtig ist. Da „El Silbo" seit 1999 Pflichtfach an den Schulen von La Gomera ist, besteht gute Aussicht, dass man bei seinem Besuch auf der Insel etwas gepfiffen bekommt.

Oben:
Kleine Hotellerie ganz groß. Auch wenn „Punta Grande" nicht mehr mit dem Superlativ werben kann, das kleinste Hotel der Welt zu sein, braucht sich das Vier-Zimmer-Haus auf El Hierro um mangelnden Zuspruch nicht zu sorgen. Diejenigen, die hierher finden, legen eh mehr Wert auf die grandiose Inszenierung der Natur, denn auf besagtes Prädikat.

Seite 26/27:
Von der Panoramastraße, die sich die zerklüftete Nordwestküste von Gran Canaria – hier bei Andén Verde – entlang schlängelt, bieten sich großartige Ausblicke auf die Umgebung.

LORBEERWALD, SUPERKRATER UND MONDLANDSCHAFT

Wunder der Natur gibt es viele auf den Kanaren. Die spektakulärsten sind als Nationalparks ausgewiesen. Von denen genießen der Teide und die Lorbeerwälder auf La Gomera sogar höchste UNESCO-Meriten: Sie sind Weltnaturerbe. Rund 40 Quadratkilometer umfasst der Rest des Nebelwaldes, der einmal fast die gesamte Insel bedeckte. Heute tragen nur noch der Garajonay, der mit knapp 1500 Metern höchste Gipfel, sowie seine Umgebung einen grünen Lorbeerkranz. Die Bäume zapfen sozusagen die Wolken an und leiten dann das Wasser zu Boden. Die Luftfeuchtigkeit ist enorm. Überall tropft, rieselt und fließt es. Die Natur kann aus dem Vollen schöpfen.

Das genaue Gegenteil zu diesem üppigen Zauberwald ist jenes 167 Quadratkilometer umfassende karge Lavafeld auf Lanzarote, das den zweifelhaften Ruhm für sich beanspruchen darf, das größte der Erde zu sein. Entstanden ist es zwischen 1730 und 1736, als die dünne Haut der Erde gleich an mehreren Stellen riss und Lava und Asche im Überfluss austraten. Etwa ein Drittel dieser Mondlandschaft wurde zum Nationalpark Timanfaya erklärt. Die vielen Besucher, die auf der „Ruta de los Volcanes" unterwegs sind, kommen aus dem Staunen nicht mehr heraus. Vor allem über die Vielfalt der Farben, in denen sich die Montañas del Fuego, die „Feuerberge" präsentieren.

Der größte Krater findet sich jedoch nicht auf Lanzarote, sondern auf La Palma. Die Caldera de Taburiente, die vermutlich nicht durch Vulkanismus, sondern durch Erosion entstanden ist, hat einen Umfang von knapp 10 000 und eine Tiefe von mehr als 2000 Metern. Wie ein Hufeisen geformt, öffnet sie sich nur nach Südwesten, um ihr Wasser abzulassen. Die „Schlucht der Todesängste" wird normalerweise nur von einem Rinnsal durchflossen – das aber innerhalb kürzester Zeit zu einem reißenden Fluss anschwellen und zur Todesfalle werden kann. Der Blick von oben, das heißt vom 2426 Meter hohen Roque de los Muchachos aus, ist zugegebenermaßen überwältigend, kann jedoch nicht das einmalige Erlebnis einer Wanderung in das mit Bäumen und bizarren Felsen bestückte Herz des Kraters ersetzen.

ckung Amerikas von 1492, als er auf den Kanaren Station machte. „Viele ehrenwerte Spanier" von der Insel Hierro, so der Eintrag, hätten „jedes Jahr im Westen der Kanarischen Insel Land" gesehen. Das Objekt der Begierde indes wurde dadurch nicht fasslicher. Obwohl man gar nicht wusste, ob es

Unten:
Herzstück des Nationalparks Garajonay auf La Gomera ist das Cedro-Tal. Die Bäume in diesem Zauberwald haben bizarrste Formen, ihre Stämme ähneln Leibern, ihre Äste Armen.

„NON TRUBADA" – DIE INSEL, DIE VERSTECKEN SPIELT

Als sich Portugiesen und Spanier wegen der Kanaren in die Haare gerieten, ging es auch um eine Insel, die noch nicht einmal gefunden worden war. Immerhin gab es schon seit langem gewisse Hinweise. Da man damals jedoch Wirklichkeit und Fantasie kräftig durcheinander zu mischen pflegte, war es ein Ding der Unmöglichkeit, ihre Koordinaten zu bestimmen. Je länger man nach ihr suchte, desto üppiger wucherten die Gerüchte. Ab der Mitte des 15. Jahrhunderts häuften sich die Berichte über ihre angebliche Sichtung. Doch als man ihr näher zu kommen versuchte, verschwand sie wieder. Nichtsdestotrotz wurde die inzwischen mit dem Namen eines Heiligen – San Borondón – geadelte Insel nun auch von den Geografen vereinnahmt. Der Nürnberger Martin Behaim nahm sie auf seinen „Erdapfel", den ersten Globus, und Gerhardus Mercator, Begründer der modernen Kartografie, in seinen Atlas auf.

Auch Christoph Kolumbus erwähnte San Borondón. Nachzulesen in seinem Tagebuch der Entde-

überhaupt existierte, hinderte das die Spanier nicht, es 1519 in jenen Friedensvertrag einzubringen, in dem ihnen der Kanarische Archipel endgültig zugeschrieben wurde.

Letztmalig sorgte die geheimnisvolle Insel im Jahre 1759 für Aufsehen, als sie sich dem großen kanarischen Historiker José Viera y Clavijo zeigte. Das Versteckspielen indes dauert bis heute an. Gibt es doch immer wieder Leute, die sich nicht davon abbringen lassen, San Borondón gesehen zu haben. Und da es sich nicht nur um Wichtigtuer oder Gefangene von König Alkohol handeln kann, bleibt eine Luftspiegelung die einzige plausible Erklärung.

Oben:
Der riesige Kessel im Parque Nacional de la Caldera de Taburiente wird von gleich drei Zweitausendern gesäumt. Der drittgrößte, mit einer Höhe von rund 2230 Metern, ist der Pico de la Nieve (Schneespitze).

Links oben:
Die Besucher des Nationalparks Timanfaya (Lanzarote) können auch auf den Rücken von Dromedaren durch die Vulkanlandschaft schaukeln.

LAVA UND SAND – LANZAROTE UND FUERTEVENTURA

Mit der Feuergeburt der beiden Inseln nahm das kanarische Archipel seinen Anfang. Sie pflegen nicht nur die engste Nachbarschaft zum afrikanischen Kontinent, sondern sind auch ähnlich trocken. Da es hier keine Berge gibt – jedenfalls nicht so hohe, die den Passatwolken den Regen aus den Bäuchen zu kitzeln vermögen – sieht es mit dem Wasser ziemlich schlecht aus. Und mit der natürlichen Vegetation. Obwohl der Mensch inzwischen nachgeholfen hat, ist diese im Vergleich zu den anderen Inseln nahezu bescheiden. Die Bewohner von Lazarote sind also Entbehrungen gewohnt. Und haben gelernt, sich des Überlebens willen anzupassen. Nicht nur an die Natur, sondern auch an die verschiedensten Herr-

Seite 28/29:
„Feuerberge" mit Dromedaren. Schon lange vor ihrer zweiten Karriere im Dienste des Tourismus fanden diese äußerst bedürfnislosen Tiere auf Lanzarote zum Transport von Lasten und Menschen beziehungsweise zum Ziehen von Pflügen Verwendung.

Mit einer Länge von etwa 400 Metern ist die Playa de Mujeres (Strand der Frauen) der längste unter jenen insgesamt sechs Badeplätzen der Superlative im Süden Lanzarotes, die unter dem Namen Papagayo (= Papagei) Berühmtheit erlangten und trotz des mittlerweile deutlich gestiegenen Andrangs nichts von ihrer Faszination eingebüßt haben.

scher. Der erste, der sich hier – zu Beginn des 14. Jahrhunderts – festsetzte, war ein genuesischer Kaufmann namens Lancelotto Malocello, dem es sehr gefallen haben muss, denn er blieb gleich zwanzig Jahre. So trägt die Insel mit einiger Berechtigung seinen Namen. Unabhängig davon, welcher Regent über sie bestimmte, war das Leben der Bewohner alles andere als rosig. Während die Spanier mit der aus Afrika importierten Ware Mensch, für die Lanzarote Umschlagplatz war, Supergeschäfte machten, kamen im Gegenzug algerische und berberische Piraten, legten die Hauptstadt Teguise in Schutt und Asche (1618) und töteten oder verschleppten ihrerseits die einheimische Bevölkerung.

Entsprechend den spärlichen natürlichen Ressourcen waren die wirtschaftlichen Möglichkeiten bescheiden. Die den begehrten Purpur-Farbstoff enthaltende Orchilla-Flechte, die sodahaltige Barilla-Pflanze, die das Karminrot liefernden Schildläuse und das aus dem Meer gewonnene Salz waren jeweils nur eine bestimmte Zeit lang gefragt. Danach standen die Inselbewohner immer wieder vor dem Nichts. Diese harte Schule des Überlebenskampfes war vielleicht der Grund, weswegen nach dem verheerenden Vulkanausbruch in den Dreißigerjahren des 18. Jahrhunderts viele Bewohner wieder zurückkehrten und nach Wegen suchten, damit es irgendwie weitergehen konnte. Trockenfeldbau heißt die

Oben:
Zumindest was das Meer und den Wind betrifft, hat der Name „Costa Calma" (= Ruhige Küste) auf Fuerteventura noch immer Berechtigung. Ansonsten ist es aber hier, nachdem der Natur- zum Ferienort mutiert ist, viel lauter geworden.

geniale Methode, die auf der Fähigkeit des Lavagranulats beruht, den nächtlichen Tau zu speichern und am Tage tropfenweise wieder auszuschwitzen. Davon profitieren hauptsächlich die Rebpflanzen – und jene, die den daraus gekelterten Wein zu schätzen wissen.

Die großen Strände und die dazugebauten Touristenzentren liegen an der Südwestküste. Die meisten Betten von allen, nämlich 30 000, hat Puerto del Carmen zu bieten. Sonnenanbeter kommen hier ebenso auf ihre Kosten wie Surfer und Taucher. Und seit 2005 gibt es ganz in der Nähe auch eine noble Marina. Ein weiterer bedeutender Ferienort auf Lanzarote ist Costa Teguise nördlich von Arrecife. Dort, in der Hauptstadt der Insel, hatte sich im Winter 1866/67 Ernst Haeckel einquartiert. Der Naturforscher zeigte sich nicht nur von den Schwämmen, Krebsen, Mollusken, Medusen und Radiolaren (Strahlentierchen) angetan, sondern auch von den Vulkanen, die den ganzen Tag über Schwarz trugen, es aber am Abend nicht bunt genug haben konnten und sich in den prachtvollsten Farben zeigten, „insbesondere ein(em) dunkel gesättigte(m) Violett, welches zu den intensiven Flammengluten des Abendhimmels in lebhaftem Kontrast" stand.

Der jüngste große Badeort, ganz im Süden, heißt Playa Blanca. Aus einem kleinen Fischerdorf hervorgegangen, geht er seither immer mehr in die Breite und straft alle hochheiligen Beteuerungen Lügen, dass Hotelanlagen auf Lanzarote noch irgendwelchen Beschränkungen unterliegen, wie sie *César Manrique*, der streitbare Vorkämpfer in Sachen nachhaltigem Tourismus, für eine gewisse Zeit hatte durchsetzen können. Vielmehr wächst nach dessen Tod wieder die Gefahr für die Natur. So werden inzwischen auf Lanzarote Wetten angenommen, wie lange es wohl dauert, bis mitfühlende Investoren der armen Touristen gedenken, die sich bislang in einen Mietwagen setzen oder gar auf dem Fahrrad abstrampeln müssen, um zu den berühmten Playas de Papagayo zu gelangen. Wäre es doch viel sinnfälliger, die Hotels gleich daneben zu bauen.

genießt, ist allerdings noch ziemlich frisch. Von denen, die hier leben mussten, hielt es freiwillig kaum einer aus. Man blieb nur, weil zum Weggehen das Geld fehlte. Oder, weil man hierher deportiert worden war. Der letzte, der Fuerteventura als Verbannungsort missbrauchte, war General Franco; der berühmteste unfreiwillige Gast der baskische Gelehrte und Dichter Miguel de Unamuno y Jugo, den man in den Zwanzigerjahren des letzten Jahrhunderts hierher verbrachte. Statt zu verzweifeln, suchte und fand er Grund zum Lob. Kein zweiter hat die unwirtliche Insel so sinnlich beschrieben wie er. Sie zeigte sich ihm als „nacktes, skeletthaftes, karges Land aus nichts als Knochen, ein Land, das eine müde gewordene Seele zu stählen vermag". In ihrer „vornehmen und kraftvollen Armut" spiegelten sich „Glück wie Schönheit". Und der unscheinbare Ginster war ihm nicht nur Pflanze, sondern Symbol: „In der ‚aulaga', so die hiesige Bezeichnung des Strauches, „hat diese vulkanische Insel ihr Innerstes zum Ausdruck gebracht, den Bodensatz ihres Feuerherzens. Das ist nicht das künstliche Grün der Bananenplantagen in La Orotava von Teneriffa – das Entzücken der touristischen

FÜR SONNENANBETER

Während auf Lanzarote die Lava dem Sand die Show stiehlt, hat der mit dem benachbarten Fuerteventura eine ganze Insel für sich. Anders gesagt: Die herrlichen Strände an der Südspitze von Lanzarote sind nur das Vorspiel dessen, was sich dann drüben – nur durch ein Stück Wasser getrennt – zum grandiosen Höhepunkt steigert. Der gute Ruf, den die Insel unter Sonnenanbetern sowie Windsurfern, Drachenfliegern und Skippern

Gaffer, die sich in Laubwerk und Flitterkram verlieben. Dort ist eine Landschaft für Touristen, nicht für Sucher nach dem überweltlichen Ideal, nicht für Pilger auf dem Weg zur Unsterblichkeit."

Wer heute gen Fuerteventura aufbricht, merkt eher auf Diesseitiges. Findet es an den endlosen Stränden sowie im, unter oder über dem Wasser. Und manchmal, wenn alles Äußere zusammenpasst, auch in sich selber.

Unten links:
Wie diese Skulpturen in Corralejo beweisen, ist Sand mehr als nur ein Strandbelag von unterschiedlicher Konsistenz und Farbe, auf dem man stehen, liegen, laufen und springen kann.

Unten Mitte:
Auf Lanzarote laufen die Uhren verschieden schnell. Manchmal sind es nur ein paar Kilometer, die den Unterschied ausmachen. In diesem Falle ist der Esel Herr über die Zeit. Doch der Mensch fährt offenbar nicht schlecht dabei.

Oben:
Noch einmal Dromedare im – touristischen – Einsatz. Diesmal am Strand von Playa Blanca (Weißer Strand). Das jüngste Ferienzentrum Lanzarotes ging aus einem bescheidenen Fischerdorf hervor.

Nachdem die Hippies und Aussteiger die Papagayo-Strände noch ganz für sich alleine hatten, hat sich inzwischen herumgesprochen, zu welcher Höchstform die Natur hier aufgelaufen ist. So zieht es denn immer mehr Besucher, die sich dieses Highlight nicht entgehen lassen wollen, an den südlichsten Zipfel Lanzarotes.

Oben:
Als gigantisches Amphitheater umschließt das Halbrund der Steilwände von El Golfo den See Charco de los Clicos (Lanzarote). An den Überresten des zur Hälfte im Meer versunkenen Kraters haben sich Wind und Wasser erfolgreich als Künstler versucht.

Links:
Von den einst so zahlreichen Salinen auf Lanzarote, die das Salz für die Konservierung der Fische lieferten, sind nur noch zwei in Betrieb. Eine davon, die Salinas de Janubio, gehört zu den größten ganz Spaniens. Statt einstmals 14 000 Tonnen werden heute allerdings nur noch 2000 produziert.

Oben:
Die Kapelle de San Marcial de Rubicón in Femés erinnert an den ersten Bischof auf Lanzarote. Sein Fest wird alljährlich am 7. Juli gefeiert. Der von den Einwohnern produzierte Ziegenkäse ist auf der ganzen Insel bekannt und geschätzt.

Rechts:
Farbenspiel der Dämmerung auf Lanzarote. Yaiza wurde schon mehrere Male als „schönstes Dorf Spaniens" geehrt. Darüber hinaus ist der Vorzeigeort auch für Manrique-Fans ein Begriff. Baute dieser doch ein altes Landgut zu einem berühmten Spezialitätenrestaurant („La Era") um.

Trotz seiner mehrfachen Wahl zum „schönsten Dorf Spaniens" ist Yaiza bislang vom Massentourismus verschont geblieben. Das heißt, den Bewohnern ist es vor allem wichtig, sich selber wohl zu fühlen. Dass davon auch die Gäste profitieren, kann ihnen nur recht sein. Übrigens: Das von Manrique umgebaute Gehöft ist über dreihundert Jahre alt. Es gehörte zu jenen drei Gebäuden, die als einzige den verheerenden Vulkanausbruch auf Lanzarote in den Dreißigerjahren des 18. Jahrhunderts überstanden haben.

Links oben:
Dromedare können – dank ihres großen Buckels – auf Vorrat leben. Dieser reicht bis zu acht Tagen. Erst danach brauchen sie wieder etwas zwischen die Zähne beziehungsweise in den Schlund. Ihr „Tank" fasst rund einhundert Liter Wasser.

Links Mitte:
Welch schöner Kontrast: Aeoniumpflanze im Lavafeld. Darüber hinaus ein unübersehbares Zeichen dafür, dass die schwarze Vulkanerde ihrer lebensfeindlichen Jugendzeit schon ein ganzes Stück entwachsen ist.

Links unten und unten:
In den Feuerbergen von Lanzarote. Noch ist es nicht gelungen, den Lauten, die die Dromedare von sich geben, eine sinnfällige Deutung abzugewinnen. Und Dr. Doolittle, der 498 Tiersprachen beherrschte und Auskunft hätte geben können, existiert leider nur in der Literatur und im Film. Fest steht: Die Tiere können so laut brüllen, dass man Angst um seine Trommelfelle haben muss.

Oben:
Die schwarzen Lavaböden Lanzarotes setzen dem Pflug keinen allzu großen Widerstand entgegen. Um sie zu bearbeiten, braucht es nicht einmal eine Pferdestärke, es tut auch die Kraft eines Esels.

Rechts:
Bei der Zwiebelernte. Auf Lanzarote, hier bei Teguise, dominiert in der Landwirtschaft noch die Handarbeit und nicht die von Maschinen.

Links:
Als die Lava den Rand ihres Dorfes erreichte, zogen ihr die Bewohner von Mancha Blanca mit der Statue der Virgen de los Dolores entgegen. Darauf nahm der Feuerstrom einen anderen Weg. So geschehen am 16. April 1736. Der nun „Nuestra Señora de los Volcanes" genannten Heiligen wurde am Schauplatz des denkwürdigen Wunders eine Kapelle errichtet.

Unten:
Das von Manrique gestaltete Casa-Museo del Campesino, eine Art landwirtschaftliches Museumsdorf in Mozaga, ist sehr zu empfehlen. Kann man doch hier auch das traditionelle Handwerk und Kunsthandwerk Lanzarotes kennen lernen. Außerdem gibt es ein Restaurant mit inseltypischen Speisen.

WENN SICH DIE ERDE ÜBERGIBT –
VULKANISMUS ZUM ANFASSEN

Oben:
Diese Vulkanlandschaft bei Los Llanillos (El Hierro) liefert den Beweis, dass das geflügelte Wort „schwarz wie Lava" nicht in jedem Falle zutrifft.

Rechts:
Es dauert nicht lange, bis das Reisig, das die Mitarbeiter des Timanfaya-Nationalparks zur Demonstration der enormen Erdhitze auslegen, in Flammen aufgeht.

Mitte:
Die Lava vernichtet nicht nur Leben, sondern hilft es auch erhalten: Die Weinreben profitieren von dem Tau, der zunächst von dem Granulat gespeichert und dann wieder abgegeben wird.

Unter dem Datum Donnerstag, 9. August 1492, vermerkte Christoph Kolumbus in seinem Schiffstagebuch, dass aus den Bergen der Insel Teneriffa „ein mächtiges Feuer" aufgestiegen sei. Knapp 100 Jahre danach erlebte Leonardo Torriani, italienischer Festungsbaumeister im Dienste der spanischen Krone, auf La Palma einen weiteren gewaltigen Vulkanausbruch, den er in seinem 1590 erschienenen Buch „Die Kanarischen Inseln und ihre Ureinwohner", detailliert beschrieben hat. Die Katastrophe begann damit, dass sich am 19. Mai 1585 eine große, sieben Meilen vom Meer entfernte Ebene merklich zu heben begann „und zwar unter großem Getöse, das von einem furchtbaren Erdbeben begleitet war. Mit dem

Boden immer höher wachsend, wurde im Verlauf von zwei Tagen die Ebene zu einem Berge", der ein paar Tage später Rauch und Feuer auszuspeien begann. „Den Himmel konnte man, so weit das Auge reichte, von ganz dunklem Nebel bedeckt sehen, der aus dem Schlunde dieses Berges hervorkam und, außer dass er durch seinen Umfang und seine Dichte der Erde so viel Licht nahm, dass es am Mittag wie am dunkelsten Abend war, regneten aus ihm so viele schwarze Asche und ein Hagel von kleinen Steinen, dass sie Meer und Land ganz bedeckten und die anderen beiden Inseln Gomera und Hierro, soweit der Horizont reichte. Weil die Asche alle Pflanzen begrub, verlor das weidende Vieh sein Leben, und die Vögel in der Luft, von giftigem Rauch und Steinen getroffen, stürzten tot zur Erde. Menschen, die an einer giftigen Spalte vorbeikamen, verloren ebenfalls den Atem und fielen zusammen mit den Tieren auf die Erde."

Auch das Meer begann zu brodeln. Als einige Männer hinausfuhren, um den Kampf der Elemente aus der Nähe zu verfolgen, bezahlten sie ihre Neugierde mit dem Leben. Das Wasser war im Umkreis von zehn Meilen so heiß, dass das Pech der Barken schmolz und die Fische gegart wurden.

Links:
Die Caldera Pinos de Gáldar beweist auf eindrucksvolle Weise, dass Gott Vulcanus in seiner Schmiedewerkstatt auf Gran Canaria nicht die Hände in den Schoß gelegt hat.

unter sich begraben, weshalb ihm die Sache im wahrsten Sinne des Wortes zu heiß geworden sein mag und er dem Inferno – wahrscheinlich Richtung Gran Canaria – den Rücken gekehrt hat.

IM NATIONALPARK TIMANFAYA

Für die beeindruckenden Spezialeffekte, die im Besucherzentrum vorgeführt werden, sorgt allein die Natur. Es bedarf jedenfalls keinerlei technischen Aufwandes, um die Leute zum Staunen zu bringen. Bei dem ersten Kunststückchen wird gezeigt, wie ein Bündel Dornlattich, in eine Erdspalte geworfen, sich schon nach kurzer Zeit selbst entzündet. Nicht weniger effektvoll ist der zweite Teil der Vorführung, bei dem Wasser in bis zu zehn Meter in die Erde reichende Röhren geschüttet wird, das es dort freilich vor lauter Hitze nicht sehr lange aushält und explosionsartig wieder nach oben schießt. Sozusagen als Geysir à la Lanzarote. Bei der letzten Nummer präsentiert sich die Erde nicht nur als heißes Showgirl, sondern auch von ihrer nützlichen Seite. Beheizt sie doch jenen riesigen steinernen Grill, auf dem die Köche des Restaurants „El Diablo" ihr Fleisch oder ihren Fisch braten.

Den verheerendsten Vulkanausbruch in historischer Zeit erlebte Lanzarote. Am 1. September 1730, zwischen neun und zehn Uhr, öffnete sich plötzlich bei Timanfaya die Erde und kam sechs Jahre lang nicht mehr zur Ruhe. Auch zu dieser Katastrophe gibt es, mit dem Pfarrer von Yaiza, einen Augenzeugen. Er berichtete von neu entstehenden und wieder verschwindenden Bergen, aus denen blaue und rote Blitze tobten, verendendem Vieh, zerstörten Dörfern und Unmengen toter Fische. Darunter solche, die man zuvor noch nie gesehen hatte. Die letzte Eintragung des Priesters erfolgte am 25. Dezember 1730. Der Lavastrom hatte gerade eine Kapelle bei seinem Heimatdorf

Oben:
Um sich ein Bild von den Ursachen und Auswirkungen des Vulkanismus auf Lanzarote zu machen, sind die „Feuerberge" (Montañas del Fuego) der ideale Ort.

Ganz oben links:
Vom Aussichtspunkt „La Crucita" (Teneriffa) bietet sich ein weiter Blick auf den Krater, die Küste und den Esperanzawald.

Seite 44/45:
Bei La Geria (Lanzarote). Der Mensch erobert sich die von der Lava vereinnahmte Landschaft wieder zurück, baut sich ein Haus, pflanzt Wein – lebt.

Rechts:
Diese nahe der Ortschaft Mala (Lanzarote) erbaute Pyramide beherbergt ein „Zentrum für spirituelle Heilung". Die Menschen, die hier Hilfe suchen, finden in der „Finca für Meditation" Unterkunft und Betreuung.

Unten:
Trockenfeldbau heißt das Zauberwort, bei dem es darum geht, die Lava auf Lanzarote für die Landwirtschaft nutzbar zu machen. Wichtig ist, dass die Pflanzen im Erdreich wurzeln. Wasser wird durch eine Lapillischicht gewonnen, die in der Nacht den Tau speichert und ihn am Tag, dank der starken Kapillarwirkung, dosiert an die Pflanze abgibt. So gedeihen hier nicht nur Feigen und Trauben, sondern auch Zwiebeln und anderes Gemüse.

Oben:
Auf Lanzarote wird auf circa 2300 Hektar Rot- und Weißwein angebaut. Das Weinanbaugebiet La Geria ist ein Naturschutzgebiet und bekannt für die traditionelle Anbaumethode auf Lapilli.

Links:
In La Geria gibt es gleich etliche Bodegas, wo man den Rebensaft verkosten und aus erster Hand erwerben kann. Natürlich ist auch der Wein Geschmackssache. Und Qualität hat ihren Preis.

Seite 48/49:
César Manrique wusste, warum er sich im Alter ausgerechnet in Haría niederließ. Die Ortschaft im „Tal der tausend Palmen" gilt als die schönste im nördlichen Lanzarote. Verantwortlich für den reichen Baumbestand und die bunte Blütenpracht sind die – mit hiesigen Maßstäben gemessen – reichlichen Niederschläge.

Rechts:
Arrieta (Lanzarote) kann sich zwar eines von Manrique gestalteten Windspiels rühmen, die Hauptattraktion des 950-Seelen-Ortes ist aber das Blaue Haus. Fällt das an der Hafeneinfahrt stehende Gebäude doch schon durch sein außergewöhnliches Äußeres ins Auge.

Unten:
Die – Caletones genannten – weißen Dünenstrände bei Órzola, der nördlichsten Ortschaft Lanzarotes, bilden einen malerischen Kontrast zu den pechschwarzen Klippen des Malpaís (Schlechtes Land), das der Monte Corona 1000 Jahre vor Christi Geburt ausgespuckt hat.

Oben:
Natürlich gibt es auch fliegende Fische. Aber diejenigen, die Angelito hier wie Wäschestücke auf die Leine hängt, sind schon längst tot und sollen trocknen. An Sonne und Wind, die hierfür vonnöten sind, mangelt es in Órzola jedenfalls nicht.

Links:
Die Fischrestaurants von Órzola gehören noch immer zu den besten auf ganz Lanzarote. Die Fischer brauchen sich jedenfalls um den Verkauf ihres Fanges nicht zu sorgen.

DER VISAGIST VON LANZAROTE –
CÉSAR MANRIQUE

Es gibt wenige Künstler, die ihre Umgebung und ihre Zeit so entscheidend geprägt haben wie César Manrique. Lanzarote verdankt ihm markante Züge seines Gesichtes. Doch vielleicht ist das, was er der Insel – zumindest Zeit seines Lebens – ersparen konnte, nicht weniger wichtig als jene Bau- und Kunstwerke, die er ihr zum Geschenk gemacht hat.

Oben:
Etwa zwei Kilometer südlich von Tahíche, mitten in einem großen Lavafeld, erwartet das ehemalige Wohn- und Atelierhaus des Künstlers (Fundación César Manrique) die Gäste.

Mitte:
In Puerto de la Cruz (Teneriffa) zauberte César Manrique eine märchenhafte Badelandschaft aus der Retorte – mit acht Meerwasser-Seen, Sandstränden, einer künstlichen Insel und Palmen.

1919 in Arrecife geboren, entdeckte er schon früh sein Herz für die Malerei. Nach dem Studium der Schönen Künste in Madrid schlug er sich zunächst ins Lager der Surrealisten. Der bekannte Kunstsammler und -mäzen Nelson Rockefeller lud ihn zu sich in die USA ein. Wieder von dort zurück, fasste Manrique den Entschluss, seine ganze künstlerische Kraft auf Lanzarote zu fokussieren. Er sah jedoch nicht nur das künftige Paradies, sondern auch weniger angenehme Entwicklungen – die er mit allem, was ihm zu Gebote stand, zu verhindern suchte. War doch die Insel im Begriff, unter dem Anprall der Touristenmassen ihre Identität zu verlieren. Manrique kämpfte: Gegen Bettenburgen und jene großflächigen Reklametafeln, die vieles zustellten; für die Besinnung auf die traditionelle Architektur und ihre Einbindung in künftige Bauvorhaben. Dabei lieferte er neben Theorien praktische Exempel. Das Anfang der Siebzigerjahre als erstes Hotel der nachmaligen Urlauberstadt Costa Teguise erbaute Gran Meliá Salinas setzte mit seinen grünen Innenhöfen und dem herrlichen Garten ebenso Maßstäbe wie das benachbarte Feriendorf Pueblo Marinero mit den einer alten Dorfanlage nachempfundenen schlichten Häusern voller Atmosphäre und Wärme. Manrique schwebte ein „Gesamtkunstwerk Lanzarote" vor. Durch die Aussöhnung von Natur, Architektur und Kunst wollte er die Insel zu einem der „schönsten Plätze der Welt" machen. Die Realität indes relativierte die Höhenflüge des Genies. Vieles konnte er verwirklichen, nicht alles verhindern.

DER MIT DER LAVA SPIELTE

Das künstlerische Erbe, das Manrique auf seiner Heimatinsel hinterließ, ist mehr als erstaunlich. Die tiefsten Einblicke in seine Welt vermittelt sein ehemaliges Wohnhaus (Taro de Tahíche). Schon

Oben:
Neben seiner Heimatinsel schenkte Manrique auch La Gomera einen ungewöhnlichen Aussichtspunkt. Der Mirador de Palmarejo klebt wie ein Vogelnest an den Steilwänden des Valle Gran Rey.

Oben links:
Mirador del Río. Ob man hier oben den besten Kaffee von Lanzarote bekommt, ist nicht ganz sicher. Fest steht aber, dass es nirgendwo eine bessere Aussicht gibt.

Links:
Die von Jesús Soto, dem Freund Manriques, installierte Beleuchtung ser Cueva de los Verdes (Lanzarote) geizt nicht mit raffinierten optischen Effekten und setzt die Höhle ins rechte, zauberische Licht.

die Geschichte, wie Baugrund und Künstler zusammenkamen, liest sich wie ein Märchen: Ein Feigenbaum, der aus einer Lavablase heraus den Weg an die Oberfläche gefunden hatte und weit und breit das einzige Grün inmitten der Vulkanwüste war, schien ihm Zeichen genug, sich genau an dieser Stelle niederzulassen. Manrique baute sowohl über, als unter der Erde. Das heißt, er nutzte die natürlichen Hohlräume für seine Zwecke. So entstand ein Domizil, das seinesgleichen sucht.

Auf der Suche nach absoluter Freiheit waren ihm Grenzen jeder Art zuwider. So schuf er immer wieder Übergänge: zwischen unten und oben, hell und dunkel, innen und außen. Immer für Überraschungen gut: die Ein- und Ausblicke. Das große Fenster im Ausstellungssaal seines Hauses eröffnet nicht nur die Sicht auf die Montaña Maneje, sondern auch auf Manriques Gemälde.

Genial die Gestaltung jener Schnittstelle am Mirador del Río, wo Fels und Himmel zusammenstoßen. Hier, im äußersten Norden, baute Manrique eine alte Kanonenstellung zu einer Cafeteria um. Im Vergleich zu der Außenterrasse ist der Blickwinkel aus dem Fenster nicht ganz so groß. Doch gerade diese Konzentration auf einen bestimmten Ausschnitt steigert noch die Dramatik.

Dem Anspruch des Gesamtkunstwerkes kommt Jameos del Agua am nächsten. Manrique richtete in dem 3000 Jahre alten Lavatunnel einen Konzertsaal ein und fügte draußen ein Schwimmbecken, einen Garten und einen See hinzu. Das Projekt eröffnet tatsächlich, um mit Manrique zu sprechen, „der Freude am Leben alle Wege".

Oben:
Die nur einen Kilometer von Lanzarote entfernte kleine Insel La Graciosa bekommt von ihrer großen Schwester die kalte Schulter gezeigt. Sprich: Das steil zum Meer abfallende Famara-Gebirge gibt sich schroff und unwirtlich.

Links und ganz links:
Der Name La Graciosa führt in die Irre. Die kleine Insel ist nicht unbedingt anmutig im wörtlichen Sinne. Sand und nichts als Sand. Sogar die Straßen. Die Vegetation ausgesprochen spärlich. Es fehlt der Regen. Von den zwei Siedlungen ist Caleta del Sebo die größte. Die wenigen Menschen, die hier aushalten, nähren sich vom Fischfang. Dass die Gewässer um La Graciosa und die vier unbewohnten Nachbarinselchen im Jahre 1987 unter Naturschutz gestellt wurden, macht ihre Situation nicht leichter.

Rechts:
In Corralejo auf Fuerteventura haben die Dünen Beine. Das heißt, sie wandern. Im Hintergrund sieht man die Isla de Lobos und Lanzarote.

Unten:
Corralejo ist auch Fährort. Die beiden Schiffe, die zwischen Fuerteventura und Lanzarote (Playa Blanca) pendeln, nehmen nicht nur Passagiere, sondern auch Autos mit. Die Überfahrt dauert eine reichliche halbe Stunde.

Oben:
Im Fischereihafen von El Cotillo. Das im Nordwesten von Fuerteventura gelegene Dorf war zu früheren Zeiten ein viel frequentierter Handelsplatz, zog aber dann gegenüber dem konkurrierenden Puerto del Rosario den Kürzeren.

Links:
El Cotillo hat sich von diesem Fall nie erholt. Das Dorf könnte mehr aus sich machen. Andererseits findet man hier die Ruhe, die man in den meisten anderen Ortschaften der Insel nur noch vom Hörensagen kennt.

Unten:
Das Freilichtmuseum La Alcogida in Tefia (Fuerteventura), das mehrere Bauernhäuser, zwei Windmühlen und eine Kapelle umfasst, bietet interessante Einblicke in die traditionelle Lebensweise und die ländlichen Gewerke.

Rechts oben und Mitte:
Wie man sehen kann, lebt das Museumsdorf. So wundert es denn auch nicht, dass es die Kinder vor allem zur Casa Señor Teodosio zieht, wo die Tiere untergebracht sind.

Rechts Unten:
Einmal im Jahr wird der Esel herausgeputzt, als ginge es zum Karneval der Tiere. Dann fühlt er sich mindestens ebenso wichtig wie die Pferde beim Mainzer Faschingszug.

Oben:
Auf Fuerteventura gäbe es für Don Quijote genügend Gelegenheiten, seine Tapferkeit zu beweisen. Die weiß geschlämmten steinernen Windmühlen sind gewissermaßen Wahrzeichen der Insel.

Rechts:
Der Ort Agua de Bueyes (Fuerteventura) ist nicht besonders groß. Doch er kann sich mit dem Gotteshaus eines ausgesprochenen Blickfangs rühmen, auf den die Bewohner sehr stolz sind.

Links:
Alljährlich am dritten Samstag im September zieht es halb Fuerteventura zur Kirche von Vega de Río de las Palmas, um dort der Jungfrau mit dem Kind, der Schutzheiligen der Insel, zu huldigen. Die nur 23 Zentimeter große Alabasterfigur datiert vermutlich vom Anfang des 15. Jahrhunderts.

Unten:
La Antigua, eine Gründung des 18. Jahrhunderts, war im 19. Jahrhundert sogar für zwei Jahre „Hauptstadt" von Fuerteventura. Das repräsentative Gebäude, eine Mischung aus Kolonial- und Jugendstil, zeugt von gewesener Macht und Pracht.

Rechts:
Idylle mit Palmen. Der Barranco de la Madre del Agua nahe Ajuy/Puerto de la Peña, des Fischerdorfes mit den zwei Namen, führt ganzjährig Wasser, was auf Fuerteventura ausgesprochen selten ist.

Unten:
Für diejenigen Besucher, die aus Richtung Norden nach Antigua kommen, bildet die weithin sichtbare Windmühle, die ein Kunsthandwerkszentrum beherbergt, das Entree. Schon allein der Anblick lohnt einen Halt.

Oben:
Bei Tuineje. Der Vulkan ist alt. Seit etwa zehntausend Jahren hält die Erde auf Fuerteventura still. Der Ort selbst ging durch die „Schlacht von Tamacite" in die (kanarische) Geschichte ein, als im Jahre 1740 ein Häuflein schlecht bewaffneter Bauern eine plündernde Piratentruppe besiegte.

Links:
Die Ortschaft Vega de Río de las Palmas macht ihrem Namen alle Ehre. Handelt es sich doch um die schönste Palmenoase auf Fuerteventura. Die Bewohner bestreiten ihren Lebensunterhalt durch Landwirtschaft.

Seite 64/65:
Wie gemalt: Küstenlandschaft bei La Pared. Hier befindet sich die schmalste Stelle Fuerteventuras. Sie soll, wie eine Legende berichtet, zwei altkanarische Reiche voneinander getrennt haben.

Rechts:
Betancuria geht auf den normannischen Eroberer Jean de Béthencourt zurück, der Fuerteventura für das kastilische Königshaus gewann und der von ihm im Jahre 1405 gegründeten Siedlung seinen Namen gab.

Unten:
Das rund 10 000 Einwohner zählende Hafenstädtchen Gran Tarajal gehört zu den sehr ursprünglichen Gemeinden auf Fuerteventura. Der Palmenhain befindet sich unmittelbar vor der Ortseinfahrt.

Oben:
Der Mond macht dem Leuchtturm an der Punta de la Entallada, dem Südostkap Fuerteventuras, Konkurrenz. Zu seiner bevorzugten Klientel gehören allerdings nicht die Seeleute, sondern die Verliebten.

Links:
Da Las Playitas abseits der frequentierten Pfade liegt, haben sich betuchte Bürger Fuerteventuras und der Nachbarinsel Gran Canaria die alten Fischerhäuser zu noblen Feriendomizilen ausgebaut.

Rechts:
Surfer und Segler finden auf Fuerteventura – hier auf der Halbinsel Jandía – geradezu ideale Bedingungen für ihren Sport. Im Vergleich zu den großen Windrädern am Istmo de la Pared hat der Wind mit den kleinen Segeln nur halbe Arbeit.

Unten:
An der Strandpromenade von Morro Jable. Das einladende Hafenstädtchen am südlichsten Ende Fuerteventuras hat ein Kind namens Jandía Playa geboren, mit dem es zusammen das größte touristische Zentrum der Insel bildet.

Oben:
Die Nordwestküste der Halbinsel Jandía ist nahezu unbewohnt. So ist man auch an der Playa de Barlovento und der Playa de Cofete relativ allein. Für die Anfahrt und die Erkundung der Umgebung ist jedoch ein geländegängiges Fahrzeug unentbehrlich.

Links:
Über die nahe Cofete gelegene Villa Winter kursieren zahlreiche Legenden. So, dass ihr Erbauer, ein deutscher Ingenieur, der die Halbinsel 1937 pachtete, damit beauftragt war, für die Nazis einen U-Boot-Stützpunkt anzulegen.

KONTINENTE IM KLEINEN – TENERIFFA UND GRAN CANARIA

Teneriffa und Gran Canaria werben um Bergwanderer und um Strandurlauber. Naturfreunde werden ebenso angesprochen wie Stadt- und Partymenschen. Bei solch umfassendem Anspruch ist normalerweise Vorsicht angeraten. Doch die beiden halten tatsächlich, was sie versprechen.

So unterschiedlich heute im Einzelnen die Interessen auch sein mögen, sucht man auf Teneriffa immer noch jene Welt, die der Schweizer Botaniker Hermann Christ bereits vor 120 Jahren in seinem Buch „Eine Frühlingsfahrt nach den Canarischen Inseln" so trefflich beschrieben hat. Unter dem „beruhigenden Einfluß der atlantischen Atmosphäre" genießen die Gäste das „hei-

Während auf Gran Canaria (im Vordergrund) der Roque Nublo und der Roque Bentayga den Ton angeben, spielt dahinter, jenseits des Meeres aus Wasser und Wolken, der über 3700 Meter hohe Teide auf Teneriffa in einer ganz anderen Liga.

tere Behagen an der Existenz" und „urtheilen kühl und kühler über Dinge, welche sie in Europa im tiefen Grunde erregt hätten". Hinzu kommt „die leise, aber mächtige Wirkung dieser balsamischen Luft, dieses Horizontes voll Klarheit, dieses tiefen Friedens in der ganzen Naturwelt. Diese Eindrücke stimmen das Gemüth feierlich und dämpfen die Erregbarkeit: es ist wie eine leichte Narkose, welche die Seele in ihren Bann schlägt."

Tatsächlich gibt es solche Seelennahrung auch heute noch genug. So zum Beispiel den Anblick des Teide und der Caldera de las Cañadas. Letztere kann man zwar mit dem Wagen durchqueren. Wirklich nahe kommt man jedoch damit dieser grandiosen Inszenierung der Natur nicht. Der Zufall will es, dass das Hauptstück namens Los Roques ziemlich nahe der Straße gegeben wird. Es bedarf also nur eines kurzen Fußmarsches zu der Bühne. Am meisten her macht der „Finger Gottes", der 30 Meter in den Himmel ragt. Der „Schuh der Königin" ist sehenswert. Nicht zu vergessen die Teide-Eier, große Kugeln aus Lava, deren eigentümliche Form daher rühren soll, dass die herausgeschleuderte Magma während ihrer Luftfahrt erstarrt ist.

Über das Werk der Natur hinaus ist auf Teneriffa auch das der Menschen bemerkenswert. Obwohl La Laguna als Weltkulturerbe im Vorteil ist,

Mitte:
Unterwegs nach Taganana im Anaga-Gebirge (Teneriffa). Allein schon die Anfahrt ist ein Erlebnis. Angesichts der grandiosen Ausblicke fällt es schwer, sich auf das Fahren zu konzentrieren – was bei der kurvenreichen Strecke fatale Folgen haben kann.

braucht sich La Orotava nicht zu verstecken. Das pittoreske Städtchen bietet ein Bild voller Anmut. Und hinter den mit schönen Balkons geschmückten Fassaden geht es mit der Schönheit noch weiter. Sehen doch manche Innenhöfe – von denen einige, da die entsprechenden Gebäude als Museum oder Restaurant genutzt werden, der Öffentlichkeit zugänglich sind – eher wie ein Garten denn wie ein Hof aus. Agatha Christie jedenfalls fand das Städtchen wunderschön, fühlte sich aber von dem Nebel und dem Regen sowie durch die Gefahren des Badens im Meer gestört. So

Oben:
Das Licht des frühen Morgens oder des späten Tages steht den Dünen von Maspalomas (Gran Canaria) besonders gut zu Gesicht. Ihre Existenz verdanken sie dem Atlantik und dem Wind, die schon seit Ewigkeiten an ihrem Werk arbeiten.

Seite 74/75:
Blick vom Esperanzawald über Santa Cruz de Tenerife. Der Hauptort der Insel und der gleichnamigen spanischen Provinz liegt in einer geschützten Bucht, die vom Anaga-Gebirge gerahmt wird. Sie zählt knapp über 200 000 Einwohner.

wechselte sie nach Gran Canaria und entdeckte in Las Palmas den „ideale(n) Ort, um die Wintermonate zu verbringen". Allerdings notierte sie schon damals, 1977: „Soviel ich weiß, ist es heute ein von Touristen viel besuchtes Seebad und hat seinen früheren Charme verloren."

DAS HERZSTÜCK DES ARCHIPELS

Gran Canaria, die drittgrößte Insel, ist das administrative, wirtschaftliche, geistige und künstlerisch-kulturelle Zentrum der Kanaren. So ist es denn kein Zufall, dass der Archipel ihren Namen trägt. Dessen Herzschlag ist am lautesten in Las Palmas zu vernehmen. In der einzigen wirklichen Großstadt, die es auf den Inseln gibt, leben rund 380 000 Menschen. Hinter den Wohnsilos an der Peripherie liegt die sehenswerte Altstadt (Vegueta) verborgen, deren Wiege auf der heu-

tigen Plaza de Santa Ana stand. Diese wird von der großen, aus grauem Basalt errichteten Kathedrale dominiert, die gotisch begonnen und später barock und neoklassizistisch umgebaut wurde. Nördlich der Vegueta haben die Kaufleute und Handwerker gebaut. Die Triana gibt sich repräsentativ und geschäftig zugleich. Der Stadtteil Santa Catalina gehört der Freizeit und dem Vergnügen. In den Hotels, Bars und Restaurants herrscht zu allen Zeiten des Tages und Jahres Betrieb. Es mangelt nicht an Discos und Musikclubs.

Das, was es ist, verdankt Las Palmas dem Hafen. Der wuchs – als Schaltstation im Waren- und Personenverkehr zwischen der Alten und Neuen Welt sowie Afrika – zum größten des Landes und einem der bedeutendsten Europas. Auf den Straßen und Gassen geht es laut, bunt und labyrinthisch zu. Las Palmas besitzt aber nicht nur

Unten:
La Orotava ist sozusagen die gute Stube von Teneriffa. Das Mobiliar, sprich: die Häuser der Altstadt haben Charme und Stil. Palmen und Drachenbäume liefern ihnen den grünen Rahmen.

einen Hafen, sondern auch einen Strand der Superlative. Der liegt mitten in der Stadt, besteht aus schönstem Sand und ist drei Kilometer lang. Macht darin also Rio de Janeiro oder Miami Konkurrenz. Mondän wäre heute sicherlich das falsche Wort für Strand und Promenade. Diese Zeit ist vorbei. Aber sehen lassen können sie sich allemal.

Die Insel selbst steht der Hauptstadt an Vielfalt und Abwechslung nicht nach – im Gegenteil: Im Süden Sand – aus dem die goldenen Strände gemacht sind – und Steppe. Doch je weiter man nach Norden kommt, desto grüner wird es. Der Passat macht's möglich, er ist der Wasserlieferant. Die größten Berge liegen in der Mitte der Insel. Der höchste ist der Pozo (Pico) de las Nieves, dem 51 Meter fehlen, um zu den Zweitausendern zu gehören. Die ihn umgebende Landschaft ist wild und schroff. Sie wird von tiefen Barrancos zerschnitten, die – nach allen Seiten auseinanderstrebend – die Küste suchen. Apropos Küste. Auch die zeigt die unterschiedlichsten Gesichter: Steil und abwehrend im Westen, im Süden hingegen flach und einladend. An den Wanderdünen von Maspalomas sogar mit ständig wechselnder Mimik.

Oben:
Neben der Avenida Mesa y Lopéz ist die Calle Mayor Triana die wichtigste Shoppingmeile von Las Palmas (Gran Canaria). Die Autos bleiben ausgesperrt, die Straße gehört den Fußgängern.

Oben:
Auch beim Parque Marítimo in Santa Cruz hatte César Manrique seine Hände im Spiel. Die Ähnlichkeit mit der Costa de Martiánez in Puerto de la Cruz ist nicht zu verkennen. Das von einem gigantischen Flügel überwölbte Auditorio ist ein Werk des bekannten spanischen Architekten Santiago Calatrava.

Rechts:
Die Iglesia de Nuestra Señora de la Concepción ist das älteste Gotteshaus von Santa Cruz. Sie datiert aus dem Jahre 1502. Nach einem Brand in der Mitte des 17. Jahrhunderts wurde sie neu auf- und umgebaut.

Links:
Klein aber fein: Die Plaza 25 de Julio in Santa Cruz. Der große Brunnen, die Bänke, Papierkörbe und die Einfassungen der Bäume und Beete wurden mit Mosaiken verziert.

Rechts:
Bauliche Dominante der Plaza del Adelantado in La Laguna (Teneriffa) ist das Rathaus – eigentlich ein Komplex aus verschiedenen historischen Gebäuden, dessen ältester Part aus dem 16. Jahrhundert stammt.

Unten:
Die Plaza del Adelantado kann sich nicht nur eines prächtigen baulichen Rahmens rühmen, sondern ist – mit dem einer riesigen Etagere gleichenden Brunnen aus weißem Marmor – selber Blickfang.

Oben:
Der im Mudéjarstil aufgeführte siebengeschossige Glockenturm der Iglesia de Nuestra Señora de la Concepción ist seit rund dreihundert Jahren das Wahrzeichen von La Laguna.

Links:
Im Lichte der Laternen wirken die mit hölzernen Balkonen und Fensterrahmen geschmückten Fassaden der alten Herrenhäuser an der Plaza de la Concepción in La Laguna besonders romantisch.

Seite 80/81:
Alljährlich zu Fronleichnam verwandeln sich die Straßen von La Laguna in bunte Teppiche. Viele Helfer sind mit sichtlicher Inbrunst, großem Können und unendlicher Geduld damit befasst, dem Asphalt Blütenbilder aufzutragen.

Rechts:
Je weiter man in den äußersten Nordosten Teneriffas vorstößt, desto wilder und einsamer wird die Landschaft. In Punta de los Roquetes endet die befestigte Straße. Meer und Fels spielen die Hauptrollen in diesem abwechslungsreichen Naturschauspiel.

Unten:
Die Playa de las Teresitas gibt es erst seit den Siebzigerjahren des vergangenen Jahrhunderts, als man die Bucht von San Andrés (Teneriffa) durch einen Damm vom Meer abriegelte und den Strand mit Sand aus der Sahara aufschüttete.

Oben:
Blick auf Taganana. Viele Besucher sehen in den Dörfern des Anaga-Gebirges nur die Idylle. Für die Bewohner indes hat das Leben in dieser abgelegenen Gegend noch eine andere, weniger beneidenswerte Seite, die durch harte Arbeit und Entbehrung gekennzeichnet ist.

Links:
Von San Andrés, vorbei an der Playa de las Teresitas, sind es nur rund sieben Kilometer bis zu dem kleinen, verträumten Dorf Igueste im Anaga-Gebirge. Hier muss das Auto zwar stehen bleiben, doch der Erkundung per pedes sind keine Grenzen gesetzt.

Linke Seite:
In El Sauzal auf Teneriffa klettern sowohl die Häuser als auch die Weingärten den Berg hinauf. Doch die Bebauung hat so zugenommen, dass es langsam eng wird. Über solcherlei Probleme kann der Teide (im Hintergrund) nur spotten.

Das ein paar Kilometer nördlich von Tacoronte gelegene kleine Mesa del Mar (Teneriffa) liegt in einer überwältigenden Umgebung.

Fischerboote im Hafen von Punta del Hidalgo (Teneriffa). In der Ortschaft am Fuße des Anaga-Gebirges gibt es unter anderem auch ein Meerwasserschwimmbecken.

Rechte Seite:
Der Rathausplatz von La Orotava zu Fronleichnam. Das überdimensionale Bildwerk zur Verherrlichung der Eucharistie wurde aus verschiedenfarbigem Sand gestaltet.

Die Jardines Marquesado de la Quinta Roja (19. Jahrhundert) in La Orotava (Teneriffa) verdanken ihre Existenz der Weigerung der Kirche, den Grafen Quinta Roja-Ponte, einen Freimaurer, auf dem offiziellen Friedhof beisetzen zu lassen. So baute sich die Familie einen eigenen und umgab das Mausoleum mit üppigen Gärten.

Das schönste Gebäude von La Orotava im typischen kanarischen Architekturstil ist die Casa de los Balcones. Das aus der Mitte des 17. Jahrhunderts datierende Doppelhaus besitzt einen herrlichen Patio, der von kunstvoll verzierten hölzernen Galerien umlaufen wird.

Rechts:
Bevor Manrique seinen berühmten Badekomplex entwarf, war die am östlichen Ortsrand von Puerto de la Cruz (Teneriffa) gelegene Playa de Martiánez der einzige Strand der Stadt. Er wurde inzwischen durch Molen gesichert und neu gestaltet.

Unten:
Die Boote am Strand von Puerto de la Cruz erinnern daran, dass die Ortschaft ein kleines Fischerdorf gewesen ist. Erst in den Zwanzigern des vergangenen Jahrhunderts begann ihr rasanter Aufstieg zur Touristenmetropole.

Oben:
Entlang des Hanges über Puerto de la Cruz führt ein schöner Panoramaweg, der seinem Namen alle Ehre macht. Die Aussicht ist fantastisch. Nach allen paar Metern eröffnen sich neue, überraschende Perspektiven.

Links:
Blick von der Cocktailbar auf den Pool der Mansión Ábaco in Puerto de la Cruz. Die von einem schönen Garten umgebene Villa aus dem 18. Jahrhundert birgt heute ein Veranstaltungszentrum.

Rechts:
Der Botanische Garten von Puerto de la Cruz ist über 200 Jahre alt. König Karl III. wollte hier tropische Pflanzen an das Klima auf dem spanischen Festland anpassen lassen – was jedoch misslang. Dafür gedeihen sie auf Teneriffa. Und zwar über 200 verschiedene Arten.

Unten:
Der Kautschukbaum – hier im Botanischen Garten von Puerto de la Cruz – gehört zur Gattung der Wolfsmilchgewächse. Seine eigentliche Heimat ist das Amazonasbecken. Der Saft (Latex) dient zur Herstellung von Gummi.

Oben:
Neben den Auftritten der Papageien und Seelöwen gehört die Delfin-Show zu den großen Attraktionen des Loro Parque in Puerto de la Cruz. Den Park gibt es seit 1972. Er wuchs inzwischen auf 125 000 Quadratmeter.

Links:
Im Haifischtunnel des Loro Parque kommt man den gefürchteten Meeresräubern ganz nahe. Und wenn sie das Maul aufreißen und ihre scharfen Zähne zeigen, ist man froh, auf der sicheren Seite zu sein.

Rechts:
Auch wenn der „tausendjährige" Drachenbaum in Icod de los Vinos vermutlich nur halb so alt ist wie behauptet wird, ist er zweifellos das bekannteste Exemplar seiner Art nicht nur auf Teneriffa, sondern auf dem gesamten Archipel.

Unten:
Der verheerende Lavastrom, der Garachico (Teneriffa) im Jahre 1706 größtenteils zerstörte, sorgte auch dafür, dass das Städtchen ein schönes Naturschwimmbecken besitzt. In den „Wannen" von El Caletón lässt es sich gut baden.

Oben:
Blick auf Carrizal Alto. Die Dörfer des Teno-Gebirges (Teneriffa) waren bis vor nicht allzu langer Zeit nur auf holprigen Pisten erreichbar. Inzwischen gibt es zwar asphaltierte Straßen, aber die Anbindung an öffentliche Verkehrsmittel ist noch entwicklungsbedürftig.

Ganz links:
Im Gegensatz zu der Ortschaft Masca, dem – nach dem Teide-Nationalpark – meistfrequentierten Ziel auf Teneriffa, geht es an deren Strand eher ruhiger zu. Ist dieser doch nur zu Fuß zu erreichen.

Links:
Der Weg durch die mitunter nur wenige Meter breite Masca-Schlucht zum Meer gehört zu den eindrucksvollsten Wanderungen auf Teneriffa.

PICO DEL TEIDE –
DIE HÖLLE IM

Der 3718 Meter hohe Teide, der von Dezember bis in den März/April hinein einen Schneehut trägt, gleichwohl in seinem Bauch ein mächtiges Erdfeuer brennt, war schon den Guanchen heilig. Besser: unheimlich. Sozusagen eine verbotene Zone, in die sich weder die Ziegen, noch deren Hirten wagten. Die Tiere fanden dort nichts zu fressen, die Menschen hatten schlichtweg Angst. Glaubten dort oben die schreckliche Gottheit Guayote zu Hause, die immer dann, wenn ihr irgendetwas nicht passte, Wutausbrüche bekam und dabei Feuer und Asche spuckte. Folglich nannten sie den Berg „Echeide", die Hölle.

Die öffnete sich zuletzt im Jahre 1798. Da jedoch seither die Welt kaum besser geworden ist, wird dies nicht zum letzten Mal gewesen sein. Der Teide bricht also mit Sicherheit wieder aus. Die Geologen registrieren zwar bestimmte Anzeichen dafür, da aber die Natur in anderen Zeitläufen rechnet als der Mensch, kann es mit der Eruption durchaus noch etwas dauern. Auch, weil die kanarischen Feuerberge zu jenen Mitgliedern der Großfamilie Vulkan gehören, die dafür bekannt sind, dass sie es eher langsam angehen lassen.

Seit dem Jahre 1971 ist Spaniens höchster Berg durch eine Seilbahn erschlossen. Die Talstation befindet sich auf 2356 Meter Höhe im weiten Kessel der Caldera de las Canadas. Seit 2007 steht der Teide-Nationalpark in der Liste des UNESCO-Weltnaturerbes. Aus „Gründen des Naturschutzes und der Sicherheit" dürfen nur maximal 150 Personen pro Tag auch das letzte Stück bis zum Krater hinauf. Jene, die draußen vor bleiben müssen, mag trösten, dass sie – abgesehen von der Genugtuung, auf dem höchsten Berg Spaniens zu stehen – nicht besonders viel versäumen. Ist doch, im Gegensatz zur Höhe des Berges, die Größe des Kraters, mit 80 Metern im Durchmesser, eher bescheiden. Überdies ist er noch sehr jung. Wahrscheinlich stand jene Feuersäule, die Kolumbus 1492 beobachtet hatte, bei seiner Geburt Pate. Doch, ob nun ein paar Meter weiter oben oder nicht, die Aussicht ist allemal überwältigend.

Oben:
Gruppenbild der ungewöhnlichen Art: vorne der Roque Cinchado, dahinter der Teide. Der eine dreißig, der andere über 3700 Meter hoch.

Mitte:
Der Teide überragt seine nächste Umgebung, die Caldera de las Cañadas, um rund 1500 Meter. Die Vegetation in dieser Höhe ist recht bescheiden.

ALEXANDER VON HUMBOLDT UND DAS TEIDE-VEILCHEN

1799 machte der große deutsche Naturforscher und Universalgelehrte auf seiner Reise nach Südamerika auf Teneriffa Station und ließ auch den Teide nicht aus. Obwohl zuvörderst mit dem Sammeln von Steinen und Pflanzen beschäftigt, wobei er jenes zarte Veilchen entdeckte, dem es

HIMMEL

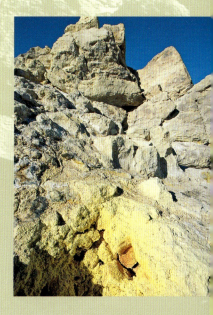

Oben:
Wenn man den rechten Zeitpunkt trifft, zeigt sich der Blaue Teide-Natternkopf in schönster Blüte. Doch diese verdorrt relativ schnell.

Links oben:
Bei den fantastischen Ausblicken, die der Teide bietet, fällt es schwer, sich wieder davon loszureißen. Doch allein schon die niedrigen Temperaturen verhindern, dass man dort oben allzu lange stehen bleibt.

Links unten:
Aus der Entfernung erscheint der Teide als relativ gleichmäßiger Kegel. Je näher man allerdings kommt, desto mehr weicht er von diesem Idealbild ab.

Unten:
Sogenannte Fumarole nahe dem Teide-Gipfel. Wenn die Natur zuviel raucht, geht es ihr wie den Menschen. Die Finger, pardon: die Steine, färben sich gelb.

erst ab 3000 Metern richtig gefällt, nahm er sich die Zeit, den „Quellen der Genüsse nachzugehen, die uns das große Gemälde der Natur bietet". Wie nachfolgender Text beweist, gehört er zu den wenigen seiner Zunft, die nicht nur zu forschen, sondern auch zu schreiben verstehen: „Durch seine schlanke Gestalt und seine eigentümliche Lage vereinigt der Pic von Teneriffa die Vorteile niedrigerer Gipfel mit denen, wie sehr bedeutende Höhen sie bieten. Man überblickt von seiner Spitze nicht allein einen ungeheueren Meereshorizont, der über die höchsten Berge der benachbarten Inseln hinausreicht, man sieht auch die Wälder von Teneriffa und die bewohnten Küstenstriche so nahe, dass noch Umrisse und Farben in den schönsten Kontrasten hervortreten. Es ist, als ob der Vulkan die kleine Insel, die ihm zur Grundlage dient, erdrücken würde; er steigt aus dem Schoße des Meeres dreimal höher auf, als die Wolken im Sommer ziehen. Wenn sein seit Jahrhunderten halb erloschener Krater Feuergarben auswürfe wie der Stromboli der Äonischen Inseln, so würde der Pic von Teneriffa dem Schiffer in einem Umkreis von mehr als 260 Meilen als Leuchtturm dienen." Seine Besteigung fand Humboldt nicht nur deshalb anziehend, weil „sie uns so reichen Stoff für wissenschaftliche Forschungen liefert", sondern „noch weit mehr dadurch, dass sie dem, der Sinn hat für die Größe der Natur, eine Fülle malerischer Reize.

Oben:
Die Spitze des Teide ist zweigeteilt: Aus einem alten Krater mit einem Durchmesser von 850 Metern wächst El Pilón, ein jüngerer, wesentlich kleinerer, noch einmal 150 Meter in die Höhe.

Rechts:
Nach umfassender Renovierung eröffnete der Parador de Cañadas del Teide im Jahre 1997 wieder seine Pforten. Eine besondere Attraktion ist der Außenpool, dessen Kulisse kaum noch übertroffen werden kann.

Oben:
Der Teide mit dem Roque Cinchado. Von den Roques de García genannten Überbleibseln des Urvulkans ist er das größte, bizarrste und folglich auch bekannteste.

Links:
Der Mond auf den Kanaren: Der Paisaje Lunar findet sich in der Nähe der Ortschaft Vilaflor (Teneriffa). Nach einer etwa einstündigen Wanderung eröffnet sich der Blick auf die spitzen Tuffsteinsäulen.

Oben:
Da der Herrgott bei der Erschaffung Teneriffas nicht immer an Badestrände gedacht hatte, musste man hie und da sein Werk nachbessern. So auch mit einer großzügigen Anlage in dem Ferienzentrum Los Gigantes.

Rechts:
Die nur 200 Meter lange Playa de la Arena ist der schönste Strand von Puerto de Santiago (Teneriffa). Wie man sehen kann, stehen die Badenden dem dunklen Sand nicht schlecht. Er wirkt durch sie bunt und heiter.

An der Costa de Adeje. Die rund 15 Kilometer lange Küste ist recht vielfältig. Obwohl man nicht so viel Spektakuläres erwarten darf, kommt man als Wanderer durchaus auf seine Kosten. Darunter fallen auch die Badefreuden in den kleinen Buchten, wo es feinen hellen Sand gibt, von dem man im Norden Teneriffas nur träumen kann.

Oben:
Playa de las Américas, zusammen mit Los Cristianos das größte Urlauberzentrum im Süden Teneriffas, ist rund vierzig Jahre alt. Das Gran Hotel Bahía de Duque hingegen steht für die Hotels der neueren Generation. Es besteht aus einem Komplex von Häusern, die das Santa Cruz de Tenerife der Zwanzigerjahre des vergangenen Jahrhunderts zitieren.

Rechts:
Eigentlich gab es in Playa de las Américas nur zwei richtige Strände. Doch die reichten erstens nicht aus und waren zweitens ungeschützt dem Ansturm des Meeres ausgesetzt. So hat man etliche neue angelegt sowie steinerne Molen vorgelagert, die die Wellen brechen.

Oben:
Im Gegensatz zu Playa de las Américas entstand das benachbarte Los Cristianos nicht aus „wilder Wurzel", sondern ging vielmehr aus einem kleinen Fischerdorf hervor. Deshalb besitzt die riesige Hotelstadt auch einen kleinen historischen Ortskern.

Links:
Fischerboote im Hafen von El Médano. Der Ort hat den hellsten und längsten natürlichen Strand ganz Teneriffas. Dass auch der Passat mitspielt und immer gleichmäßig von Nordosten bläst, macht den Surfern viel Freude.

Oben:
Die „Copacabana" von Las Palmas, der Hauptstadt Gran Canarias und größten Urbanisation des kanarischen Archipels, heißt Playa de las Canteras. Im Norden brandet das Häusermeer bis La Isleta – die Insel ist allerdings inzwischen mit dem Festland verbunden und verdient nur noch zur Hälfte diesen Namen.

Links und ganz links:
Praktisch das ganze Jahr bereiten sich die Laienbruderschaften von Las Palmas auf die Karwoche (Semana Santa), den Höhepunkt des katholischen Kirchenjahres, vor. Die frommen Standbilder, die sie auf den Prozessionen mitführen, können nicht groß genug sein. Sie selber fühlen sich als Büßer. Tragen Kutten und Spitzhüte, die das Gesicht verhüllen. Haben sich Ketten angelegt und laufen barfuß.

Oben:
Nach der Grundsteinlegung im Jahre 1497 vergingen fast 400 Jahre, bis die Kathedrale Santa Ana in Las Palmas endlich fertig wurde. Der langen Bauzeit entsprechen auch die vielen Stilelemente, die an dem Gotteshaus Eingang fanden.

Rechts:
Aus dieser Perspektive mutet das Innere der Kathedrale wie ein Wald aus steinernen Palmen an. Die Riesenwedel, die aus den Säulen herauswachsen, fügen sich zu einem herrlichen gotischen Rippengewölbe.

Oben:
Der Parque de San Telmo am Anfang/Ende der Fußgängerzone von Las Palmas entpuppt sich als grüne Oase inmitten der Stadt. Dazu passt auch der hübsche Kiosk im Jugendstilgewand.

Links:
Die Besucher der Casa de Colón in Las Palmas erwarten zahlreiche Exponate, die ihnen sowohl die Person als auch die Zeit des Christoph Kolumbus nahe bringen und seine historischen Verdienste ins rechte Licht rücken.

Linke Seite:
Den Auftakt zum Karneval in Las Palmas bildet eine große Gala mit der Wahl der Königin, die während der nächsten Tage im Mittelpunkt des Geschehens stehen wird. Dabei kommt es natürlich auch auf das Aussehen der Dame an. Entscheidend ist aber die Kostümierung.

Links oben und links:
Apropos Kostümierung. Wer dabei an eine originelle Bekleidung denkt, ist auf dem Holzweg. Vielmehr handelt es sich um eine Art lebendiges Bild, das mitunter größer ist als die Damen selbst. So kommt es für diese in erster Linie darauf an, das Gleichgewicht zu halten und trotz der riesigen Last auch noch zu lächeln und dem Publikum zuzuwinken. Die „Drag Queen" auf diesen Bildern hat es im wahrsten Sinne des Wortes nicht leicht.

Rechts:
Wer hier im Jachthafen von Las Palmas Anker wirft, hat vielleicht das große Vorbild Christoph Kolumbus im Hinterkopf. Bleibt nur zu hoffen, dass der Ehrgeiz nicht so groß ist, dass er zur Selbstüberschätzung ausartet.

Unten:
Neben der Playa de las Canteras gibt es noch einen zweiten Strand im Zentrum von Las Palmas. Die zwischen Jachtclub und -hafen gelegene Playa de las Alcaravaneras ist allerdings – mit einer Länge von einem Kilometer – viel kleiner.

Oben:
Die aus dunklem Vulkangestein errichtete Iglesia de San Juan Bautista in Arucas (Gran Canaria) wurde 1917 geweiht. Neben vier großen gibt es noch mehrere kleine Türme. Bei dieser Vielzahl ist es kein Wunder, dass die Arbeiten daran noch immer nicht abgeschlossen sind.

Links:
Wenn die Gläubigen zur berühmten Wallfahrtskirche von Teror pilgern, um die Jungfrau von der Pinie, die Patronin Gran Canarias, zu ehren und ihren Beistand zu erbitten, steht gleich eine ganze Reihe von alten Bürgerhäusern und Residenzen mit überaus prächtigen Balkonen Spalier.

Linke Seite:
Blick von Caideros auf den mächtigen Vulkankegel von Gáldar. Die Ortschaft war, unter dem Namen Agáldar, die erste Hauptstadt Gran Canarias. Hier und in der Umgebung befinden sich die bedeutendsten archäologischen Hinterlassenschaften der Altkanarier auf der Insel.

Im Valle de Agaete, einem der schönsten und fruchtbarsten Täler auf Gran Canaria und fast ein kleines Paradies, verstecken sich etliche Höhlenwohnungen.

Ganz links:
Das bekannteste von Menschen geschaffene Höhlensystem auf Gran Canaria heißt Cenobio de Valerón. Es besteht aus 298 wabenartigen Kammern, die von den Altkanariern aus dem Fels geschlagen wurden und als Getreidespeicher gedient haben sollen.

Links:
Landhaus und Höhlenwohnung bei Caideros. Damit kein Zweifel besteht: Diese Art der Unterkunft ist keineswegs primitiv, sondern urgemütlich. Und im ökologischen Sinne sogar vorbildhaft, denn die Temperatur ist im Sommer und Winter gleich.

Rechts:
Die Panoramaroute im Westen Gran Canarias, hier bei Agaete, bringt die Autofahrer in Gewissenskonflikte. Einerseits locken immer wieder grandiose Aus- und Einblicke, andererseits dürfte man eigentlich gar nicht in der Gegend herumschauen, sondern müsste sich bei den vielen Kurven und Kehren voll auf die Straße konzentrieren.

Unten:
Die Kirche Virgen de las Nieves ist nicht nur äußerlich ein Blickfang, sondern birgt auch sehenswerte Kunstschätze. Darunter jenes berühmte Triptychon vom Beginn des 16. Jahrhunderts, das Maria mit dem Kind, flankiert von St. Antonius und St. Franziskus, zeigt und von Joos van Cleve gemalt wurde.

Seite 114/115:
Die berühmteste Fiesta auf Gran Canaria ist die Bajada de la Rama am 4. August. Die Leute schneiden Zweige von den Bäumen, tragen sie musizierend und tanzend durch die Schlucht von Agaete und peitschen dort mit ihnen das Meer. Es geht um Wasser und Fruchtbarkeit.

Links:
Blick auf Puerto de las Nieves, ein Dorf im Nordwesten Gran Canarias, das bei der Schöpfung mit einer besonders imponierenden Naturstaffage bedacht wurde. Doch nicht nur die Umgebung, auch die Ortschaft ist urig.

SEMANA SANTA UND KARNEVAL –
VON DER HOHEN KUNST DES

Die Canarios sind Experten in der Kunst, das Leben zu meistern. Kein Anlass ist ihnen zu nichtig, kein Ort zu klein, kein Aufwand zu groß, um irgendein Fest zu inszenieren. Wie auf dem spanischen Festland wird besonders oft und aufwändig der Gottesmutter und der anderen Heiligen gedacht. Jeder Ort und (fast) jeder Berufszweig haben ihren Lobbyisten beim lieben Gott, der freilich nur dann aktiv wird, wenn er zuvor entsprechende Zuwendungen erhält. Während der am oder um den 15. Mai geehrte San Isidro seine schützende Hand über den Bauernstand hält, wacht Nuestra Señora del Socorro über das Wohl der Zigarrendreher und lässt sich Ende August feiern.

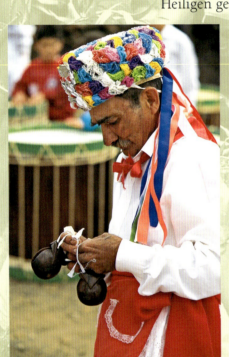

Oben:
Auch auf El Hierro gibt es verschiedene Gelegenheiten, die Leute in Tracht zu erleben. So bei diesem Hirtenfest.

Mitte:
Auf der Fiesta de San Roque in Garachico (Teneriffa) geht es hoch her. Und bei dem Umzug werden auch die Zuschauer voll miteinbezogen.

Jedenfalls tut man hier alles, um den Heiligen zu gefallen. Die meiste Arbeit macht die Organisation der – Romería genannten – Festumzüge. Doch die Leute tun das gern. Und dies nicht nur den himmlischen Patronen, sondern sich selber zur Freude. Bei allem Respekt ist keineswegs fromme Askese, sondern Frohsinn angesagt. Man singt und musiziert, isst und trinkt. Lässt die Heiligen hochleben. Und fühlt sich auch schon ein bisschen wie im Himmel.

Der Heiland hat in der Semana Santa (Karwoche) seinen großen Auftritt. Und ebenso zu Fronleichnam ist das gesamte Inselvolk auf den Beinen. Besonders eindrucksvoll sind die kunstvollen Bildteppiche aus Blumen oder farbigen Sand, die in La Orotava und La Laguna (Teneriffa) auf den Straßen und Plätzen ausgelegt werden. Mindestens genauso interessant wie die fertigen Bilder ist deren Entstehung. Obwohl sie wissen, dass ihre Werke nicht für die Ewigkeit, sondern nur für den Augenblick bestimmt sind, streben ihre Schöpfer nach höchster Perfektion.

Bei dem vielen Wasser ringsum bedürfen natürlich auch die kanarischen Fischer und Seeleute des himmlischen Beistands – für den die heilige Carmen zuständig ist. Weswegen man sie in verschiedenen Ortschaften – so in Corralejo auf Fuerteventura und in Valle Gran Rey auf La Gomera mit einer großen Bootsprozession ehrt. Vor allem auf letzterer Insel stehen die Chancen nicht schlecht, bei dieser Gelegenheit noch alte kanarische Lieder und Weisen zu Gehör zu bekommen.

...FEIERNS

RIO LÄSST GRÜSSEN

Denen, die für ihr Leben gern einmal beim Karneval in Rio de Janeiro dabei wären, letztlich aber vor den Kosten und der langen Flugzeit zurückschrecken, bleibt immer noch die nicht halb so aufwändige kanarische Alternative. Santa Cruz de Tenerife oder Las Palmas können es natürlich nicht mit der brasilianischen Millionenstadt aufnehmen, stehen aber in der weltweiten Rangfolge gleich dahinter. Diesen Spitzenplatz in Sachen Karneval verdanken sie jenen Landsleuten, die erst ausgewandert und dann – mit „Papageienkäfigen und Schrankkoffern, riesigen Havannas und dicken Uhrketten" (M. V. Hernández) – wieder nach Hause zurückgekehrt sind, und ihren staunenden Landsleuten gezeigt haben, wie heiß es jenseits des Atlantiks hergeht.

Im Bestreben, sich gegenseitig zu übertreffen, scheuen die beiden kanarischen Karnevalshochburgen weder Mühen noch Kosten. Der letzte Karneval ist noch nicht richtig zu Ende, werden schon die Pläne für den nächsten geschmiedet, Ideen entworfen, Konzeptionen entwickelt, das Motto bestimmt. Und die Arbeit an den Festwagen, Dekorationen und Kostümen sowie die Proben der Tanz- und Musikgruppen beginnen ebenfalls schon recht früh.

Wenn es dann aber wieder soweit ist, wird das Fest, das man mit so viel Herzblut vorbereitet hat, so lange wie möglich hinausgezogen. Und die „Beerdigung der Sardine" am Aschermittwoch, bei der ein Riesenfisch aus Pappmaschee verbrannt wird, bedeutet nicht, dass die Lustbarkeit damit aufhört.

Links:
Jedes Jahr zu Fronleichnam schlägt in La Orotava (Teneriffa) die Stunde jener Künstler, die den Straßen und Plätzen aus Blüten und farbigem Sand gefertigte Bildteppiche auflegen.

Oben:
Um den 10. September steigt in La Aldea de San Nicolás (Gran Canaria) das Fest der Lagune. Die Fiesta del Charco gipfelt darin, dass sich die Teilnehmer gegenseitig ins Wasser werfen und versuchen die Fische mit der bloßen Hand zu fangen.

Ganz oben links:
Puntagorda auf La Palma gehört zu jenen Ortschaften, in denen jedes Jahr im Februar mit Folklore, Wein und Tanz das Fest der Mandelblüte gefeiert wird.

Ganz oben rechts:
Auf den Kanaren wird zwar am Aschermittwoch mit der „Beerdigung der Sardine" – hier in Agaete (Gran Canaria) – der Karneval offiziell verabschiedet, doch zu Ende ist er damit noch lange nicht.

Rechte Seite:
„Turismo rural" heißt die kanarische Alternative zum Massentourismus. Die Landhäuser, hier die Casa La Pintora bei Agaete (Gran Canaria), sind zumeist sehr ruhig gelegen und verbinden höchsten Komfort mit traditionellem Ambiente.

Rechts:
Der Botanische Garten (Huerta de las Flores) in Agaete (Gran Canaria), der zunächst in Privatbesitz war, lohnt einen Besuch. Auch der Dichter Tomás Morales (1885–1921) soll sich gern hier aufgehalten haben.

Rechts, oben und unten:
Im großen Blumengarten des kanarischen Archipels haben auch der kleine Sandkrokus und der Chinesische Roseneibisch, der eine Höhe von ein bis zwei Metern erreicht, ihren festen Platz.

Ganz rechts, oben:
Das bekannteste florale Mitbringsel von den Kanaren ist die Paradiesvogelblume. Ihr botanischer Name – strelitzia reginae – geht auf eine englische Königin zurück, die aus dem mecklenburgischen Strelitz stammte.

Ganz rechts, unten:
Die Kanarische Kiefer hat eine bemerkenswerte Resistenz gegenüber Feuer entwickelt. Die vielfach geschichtete Rinde wirkt wie ein Panzer, so dass die Bäume sogar Waldbrände überstehen.

Rechts:
Mandelblüte vor Bergpanorama. Wenn es die Sonne will, legt auch der Roque Nublo, eines der Wahrzeichen Gran Canarias, Farbe auf und leuchtet dann von goldgelb bis lila.

Unten:
Der Bruder des Roque Nublo heißt Roque Bentayga. Sein Felsfinger, auf dessen Spitze sich eine Kultstätte der Altkanarier befand, ragt 1404 Meter in den Himmel. Darunter, in der Ortschaft Tejeda, leben rund 1000 Einwohner.

Die Panoramastraße an der Westküste Gran Canarias – hier bei Andén Verde – bietet einen atemberaubenden Ausblick nach dem andern. Himmel, Berge, Meer und Natur zeigen sich von ihrer ursprünglichsten Seite. Man kann sicher sein, dass kein Hotelklotz auftaucht und die Idylle unversehens zerstört.

Rechte Seite:
Im Verhältnis zur Küste ist es im Innern von Gran Canaria weit weniger trocken. Dort gibt es auch einige künstliche Seen. Die Ortschaft Soria kann sich nicht nur eines solchen Stausees, sondern auch eines Wasserfalls rühmen.

Rechts:
Ein schmaler Wanderpfad führt von den Bergen hinunter ans Meer. Die Playas de Güigüi (bei Tasartico) gehören zu jenen romantischen Badeplätzen auf Gran Canaria, die man nur zu Fuß erreichen kann und deshalb wenig frequentiert sind.

Als ob ein Maler den Stein als Palette benutzt hätte, leuchtet diese Felswand an der Straße zwischen Mogán und San Nicolás de Tolentino in allen Farben.

Oben:
Blick auf Puerto de Mogán, wo die berühmte Küstenstraße im Südwesten Gran Canarias endet. Das bezaubernde Fischerdorf hat ein Kind bekommen, dessen es sich nicht schämen muss: „Klein Venedig" wurde auf Pfählen mitten ins Meer hinein gebaut.

Rechts:
Zu diesem neuen Urlauberdorf, von vielen als das gelungenste der gesamten Insel bezeichnet, gehört auch ein großer Hafen. In diesem ist viel Platz – für kleine Jollen ebenso wie für mondäne, hochseetaugliche Luxusjachten.

Oben:
So faszinierend es auch sein mag, in „Klein Venedig" direkt über dem Wasser zu logieren – dies wäre nur halb so viel wert, wenn nicht auch die Strände – so die Playa de los Amadores – mithalten würden.

Links:
An der Hafenpromenade in Puerto de Mogán. In diesem Ort passt alles zusammen. Das Straßenbild ist gepflegt. An und zwischen den Häusern Blumen und Bäume. Man merkt, dass auf das Detail Wert gelegt wird und die Bewohner die Entwicklung ihrer Ortschaft mittragen.

Rechts:
In der Bucht von Puerto Rico ist der Platz ziemlich beschränkt. So reicht der Badestrand bei weitem nicht aus. Dagegen ist der Jachthafen, der auch die Wasserfläche nutzen kann, im Vorteil. Die Stadt gilt als das Wassersportzentrum Gran Canarias.

Unten:
Schier endlose Sanddünen und ein Superstrand katapultierten Maspalomas auf einen Spitzenplatz unter den Urlauberzentren auf Gran Canaria. Im Hintergrund das Riu Palace Hotel.

Oben:
Die unter dem Patronat des heiligen Sebastian stehende neoklassizistische Hauptkirche prägt das Ortsbild von Agüimes (Gran Canaria). Nach der Grundsteinlegung im Jahre 1796 dauerte es fast anderthalb Jahrhunderte, bis das Gotteshaus endlich fertig wurde.

Links:
Die Sonne hat sich hinter den Bergen davongemacht und dem Abend das Feld überlassen. In Santa Lucía de Tirajana, einem der Vorzeigedörfer des Hochlandes von Gran Canaria, ist es still geworden.

(FAST) WIE IM PARADIES – EL HIERRO, LA GOMERA, LA PALMA

El Hierro, nur circa 270 Quadratkilometer groß, ist die am weitesten im Westen gelegene und zugleich jüngste der Inseln des Archipels. Entstanden vor etwa einer Million Jahren. Das hört sich zwar nach viel an, ist aber, gemessen an dem Altersunterschied zwischen ihr und ihrer ältesten Schwester Fuerteventura, der 20 Millionen Jahre beträgt, nur ein Klacks.

Bliebe noch anzumerken, dass sie auch die kleinste in der Kanarenfamilie ist. Allerdings vermuten die Wissenschaftler, dass dies nicht von Anfang an so war. Ihrer Theorie zufolge soll die Insel vor rund 120 000 Jahren von einem verheerenden Vulkanausbruch heimgesucht und in zwei Teile

Am Mirador de Jinama (El Hierro) geht es eine mehr als 1200 Meter tiefe Steilwand senkrecht nach unten. So braucht es nicht viel Fantasie, um sich als Vogel zu wähnen, der über dem Golf seine Runden zieht.

zerrissen worden sein. Erhalten blieb davon nur der südliche, während der andere im Meer versank. In der Tat besitzt El Hierro eine ziemlich eigenartige Form. Sie gleicht einem Fuß, der mit seiner Spitze gen Westen zeigt. Dessen Spanne ist nicht nach oben, sondern nach innen gewölbt. Die hohen Wände der Bucht (El Golfo) fallen fast senkrecht ins Meer. Es könnte sich also tatsächlich um den Rest einer riesigen Caldera handeln.

Erobert wurde El Hierro im Jahre 1404. Das kastilische Königshaus, in dessen Auftrag der normannische Ritter Jean de Béthencourt die Bewohner unterwarf, zeigte jedoch wenig Interesse an dem wasserarmen Eiland. So blieb es – bis 1812 – in feudalherrschaftlichem Besitz. War also – wie Lanzarote und Fuerteventura – keine Kron-, sondern Señorialinsel.

Dass es sich dort aushalten ließ, lag an einer Art Wunderbaum. Als der deutsche Naturforscher Leopold von Buch im Jahre 1815 auf die Insel kam, hatte das ungewöhnliche Wasserwerk zwar schon seinen Betrieb eingestellt, doch die Erinnerung daran war noch immer lebendig: „Ehemals gab es auf Hierro einen riesigen Lorbeerbaum, dessen gigantische, fleischige Blätter dichten Schatten spendeten. Täglich, zwei oder drei Stunden nach Sonnenaufgang, begannen die Blätter Wasser niederzuschlagen, das wie Regentropfen am Fuß des

Oben:
Der rund 2400 Meter hohe Roque de los Muchachos, der höchste Berg La Palmas, überragt weithin den Parque nacional de la Caldera de Taburiente. Die Autostraße verläuft nur einige Meter unterhalb des Gipfels. Die Aussicht ist, vorausgesetzt das Wetter spielt mit, unbeschreiblich.

Baumes niederfiel und einen kristallklaren Weiher bildete. Gegen Mittag eilten die Eingeborenen herbei und kehrten am Abend mit gefüllten Krügen in ihre Wohnstätten zurück. Der Baum wurde wie ein Heiligtum behandelt und galt als Weltwunder. Wachen waren aufgestellt, die das Wasser in eine Zisterne leiteten und an die Bewohner verteilten. Der Baum in der Nähe des Dörfchens Valverde existierte noch im Jahre 1689, und Pater Galindo, der ihn mit eigenen Augen sah, beschreibt ihn uns eingehend. Wenige Jahre später ging er ein." Zu dieser Geschichte passt auch die mutmaßliche Herkunft des Namens der Insel. Stand doch das altkanarische Wort „herro" für einen Wasserbehälter.

El Hierro, im Jahre 2000 von der UNESCO zum Biosphärenreservat erklärt, macht Ernst mit der Ökologie. Man setzt auf alternative Energien und nachhaltige Wasserwirtschaft. Wer hierher kommt, tut dies aus ganz bestimmtem Grund. El Hierro ist und bleibt eine Insel für Individualisten. Dafür sorgt schon die nicht ganz unproblematische Anreise. Das Schiff von Los Cristianos braucht seine Zeit. Mit dem Flieger geht es zwar schneller, doch der kann nur dann landen, wenn es der Wind auch zulässt. Und der verweigert dies ziemlich oft.

DER GROSSE LORBEERWALD

Wesentlich besser ist La Gomera erreichbar. Liegt doch die Insel nur 30 Kilometer von der Südspitze Teneriffas entfernt. Wenn El Hierro ein Fuß ist, so ist das fast kreisrunde La Gomera ein Fußball. Ein Spiel ist trotzdem nicht zu erwarten, denn der Fuß zeigt in die falsche Richtung. Die Arbeit eingestellt hat auch Gott Vulcanus. La Gomera ist die einzige Kanareninsel, wo die Erde schon ihr Mütchen gekühlt hat und Ruhe gibt.

Obwohl gar nicht einmal so alt, hat sie von allen Geschwistern die tiefsten Falten. Die laufen vom zentralen Hochland mit dem 1487 Meter hohen

Garajonay strahlenförmig gen Meer. Und je näher sie ihm kommen, desto tiefer und breiter werden sie. Keine andere Insel zeigt sich auf engstem Raum so zerklüftet, so sperrig wie La Gomera. Die Vaterschaft an den bizarren Barrancos hat das Wasser. Von diesem gibt es hier – verglichen mit El Hierro – vergleichsweise viel. Dementsprechend üppig ist die Vegetation. Dattelbäume fühlen sich besonders wohl. Vor allem aber der Lorbeer, der hier seine größte Dependance auf dem Archipel unterhält.

WANDERFREUDEN

La Palma ist zu 40 Prozent von Wäldern bedeckt, nennt sich also zu Recht „La isla verde". Schuld sind die hohen Berge, an denen die Passatwolken bei dem Versuch, sie zu überqueren, ständig Wasser lassen müssen. Das Grün lässt die Insel weicher, lieblicher erscheinen als sie vom Profil her ist – nämlich ziemlich schroff. Der höchste Berg, der Roque de los Muchachos, fällt an seiner Südseite fast senkrecht in die Tiefe, wo ihn die Caldera de Taburiente auffängt. Die Extreme könnten also nicht größer sein.

La Palma ist ideal zum Wandern. Hier gibt es eine Fülle von Routen in den unterschiedlichsten Schwierigkeitsgraden. Die beliebtesten Ziele, nämlich die Caldera und die Vulkanberge, erfordern allerdings eine gewisse Übung. Wer die Ruta de los Volcánes zur Gänze begeht, also von der Zona Recreativa El Pilar bis nach Los Canarios, hat insgesamt 19 Kilometer zu bewältigen. Der Höhenunterschied vom Parkplatz bis hinauf zur Vulkankette beträgt etwa 600 Meter, hinunter nach Los Canarios sind es sogar 1300.

Am ursprünglichsten und einsamsten ist der Nordosten der Insel. Die Straße windet sich hoch über dem Meer in Schlangenlinien die Bergflanke entlang. Ihr Verlauf wird von den Schluchten vorgegeben, deren Rändern sie so lange zu folgen hat, bis es endlich eine Brücke gibt. Und am nächsten Barranco beginnt das gleiche Spiel wieder von vorne.

Links:
An dem „Garoé" geheißenen Heiligen Baum auf El Hierro scheiden sich die Geister. Während der Naturforscher Leopold von Buch schreibt, dass man ihn 1689 noch gesehen habe, heißt es in einer anderen Überlieferung, er sei bereits 1610 einem Sturm zum Opfer gefallen. Der neue Heilige Baum – hier mit Quelle – wurde jedenfalls in den Vierzigerjahren des 19. Jahrhunderts gepflanzt.

Unten links:
Mandelbaum vor Bergkulisse. Der südliche Teil La Palmas wird durch die Cumbre Nueva und deren Fortsetzung, die Cumbre Vieja, in zwei Hälften getrennt. Der in Nord-Süd-Richtung verlaufende Gebirgszug erreicht eine maximale Höhe von 1949 Metern.

Unten:
Der Nebelwald im Parque Nacional de Garajonay auf La Gomera versteht es prächtig, sich zu inszenieren. Je nach Tageszeit und Stimmung glaubt man in den Bäumen verwunschene Menschen oder gar Ungeheuer aus einer anderen Welt zu erkennen.

131

Oben:
Um ländliche Ruhe und das Erlebnis archaischer Natur miteinander zu verbinden, kommt das Dörfchen Tiñor (El Hierro) genau richtig. Die Ortschaft befindet sich auf rund 900 Meter Höhe in der feuchten Nebelzone der Insel.

Rechts:
Valverde, die Inselhauptstadt von El Hierro, zählt nur 1800 Einwohner. Der eher ländlich anmutende Ort liegt nicht am Meer, sondern am Rande der Hochebene. Er dient als Ausgangspunkt für Touren in das Innere und an die Nordküste der Insel.

Links:
Auf der Lava, die der Vulkanberg Cancela ausgeworfen hat, ist der kleine Badeort Tamaduste (El Hierro) ein ganzes Stück in das Meer hineingewachsen. Der Flugplatz der Insel liegt ganz in der Nähe.

Unten:
Die Küste von Las Playas, gesehen vom Mirador de Isora, einem der spektakulären Aussichtspunkte an der östlichen Flanke El Hierros. Die tief zerfurchte Steilküste hinter dem Kiesstrand wächst rund 800 Meter in den Himmel.

Oben:
Einem grünen Gewand gleich windet sich der Lorbeerwald um die Taille des 1500 Meter hohen Malpaso. Seine Existenz verdankt er den regenreichen Passatwolken, die ihr Wasser bevorzugt in dieser Region El Hierros abschlagen.

Rechts:
In den abgeschiedenen Felsregionen der Insel hat die El-Hierro-Rieseneidechse ein Refugium gefunden, das ihr das Überleben ermöglicht. Sie erreicht eine Größe von bis zu einem Meter.

Links:
El Sabinar heißt jener berühmte Wacholderwald auf El Hierro, dessen Bäume vom Wind total verdreht und zu Boden gedrückt wurden, ohne dass es ihm gelungen ist, sie endgültig zur Aufgabe zu zwingen.

Unten:
El Golfo (El Hierro) mit dem herrlichen Meerwasserschwimmbecken Charco Azul. Bei dem monumentalen Felsenhalbrund handelt es sich um den Rest eines riesigen Kraters, dessen andere, meerwärtsgerichtete Hälfte in den Fluten versunken ist.

Rechte Seite:
Playa de Lines bei La Restinga. Die Ortschaft zählt gerade einmal 350 Einwohner. Und für mehr fehlt auch der Platz. Wichtig: La Restinga gibt seinen Gästen eine Schönwettergarantie. Die Sonne scheint an über 300 Tagen im Jahr.

Die Bucht von Tacorón bei La Restinga, einem kleinen Fischerdorf im äußersten Süden von El Hierro, gilt – obwohl der Sand fehlt – als der schönste Badeplatz der Insel. Auch Sporttaucher geraten ins Schwärmen, wenn sie diesen Namen hören.

Ein Bild, das auf den Kanaren recht häufig vorkommt: Blauer Himmel, blaues Meer und ein kahler Vulkankegel. Dazwischen eine kleine Ortschaft mit Hafen, die in diesem konkreten Falle La Restinga heißt.

FRISCH AUF DEN TISCH –
DIE KANARISCHE

Oben:
Straßenkneipe im nächtlichen Las Palmas (Gran Canaria). Hier braucht man auch zu später Stunde keine Angst zu haben, dass die Küche schon geschlossen ist.

Mitte:
Typisch kanarisch: Fangfrischer Fisch, dazu fast in der Salzlake ertränkte schrumpelige Kartoffeln namens Papas Arrugadas und die superscharfe Mojo-Soße.

Die kanarische Küche, man schmeckt es, hat viel mit der portugiesischen und spanischen gemein. Schlimm, wenn Knoblauch und Olivenöl ausgehen. Doch eine gute Hausfrau lässt es gar nicht erst dazu kommen. Von ihr und den professionellen Köchen wird erwartet, dass die Speisen gut schmecken. Künstler werden hier nicht gebraucht. Ehrlich wäre vielleicht das rechte Wort zur Kennzeichnung der hiesigen Küche. Die Zutaten sind von sich aus so gut, dass sie nicht noch irgendwelcher raffinierter Verwandlungen bedürfen.

Das beliebteste kanarische Eintopfgericht heißt „Puchero". Zu besonderen Anlässen wertet man es auf, indem man zum Fleisch von Rind und Schwein auch noch das von Kalb, Huhn, Wildkaninchen, Rebhuhn und Waldtaube hinzugibt und es dann „Puchero de siete carnes" nennt. Die anderen Zutaten, Süßkartoffeln, Mais, Kichererbsen sowie Birnen und Äpfel, ändern sich nicht. Zu den beliebtesten Suppen zählt die „Sopa de picadillo". Die Hühnerbrühe enthält Ei- und Hackfleischeinlagen sowie geröstete Brotwürfelchen. Echt ist sie nur dann, wenn obendrauf ein Minzeblättchen schwimmt. Daneben lassen sich die Canarios auch „Potaje de trigo" (Weizensuppe mit Gemüse) und „Garbanza" (Kichererbsensuppe mit zumeist dreierlei Fleisch) schmecken.

Eine besondere kanarische Spezialität ist „Mojo". Die scharfe, aber überaus köstliche Soße gibt es in Grün und Rot. Die Zutaten sind Knoblauch, Paprika, Peperoni, Salz, Essig und Öl. Der rote Mojo wird in der Regel aus getrockneten roten (scharfen) Paprikaschoten, der andere aus frischen, grünen zubereitet und zusätzlich mit Petersilie und Koriander abgeschmeckt. Grundsätzlich verträgt sich Mojo mit allem. Allerdings sollte man die rote Soße nicht mit Fisch zusammenbringen. Die ideale Kombination ist zweifellos jene mit „Papas Arrugadas". Das sind kleine, runzlige Pellkartoffeln, die in Salzwasser gekocht werden und denen man dies auch ansieht. Die weiße kristalline Kruste macht sie unverwechselbar. Zerkleinert, in die Mojosoße getaucht und gegessen werden sie mit den Fingern.

KÜCHE

sozusagen das Manna der Altkanarier und wurde erst in jüngster Zeit als Grundnahrungsmittel durch das Brot verdrängt. Man mischt es den verschiedensten Gerichten bei, isst es als Müsli, backt es mit Kartoffeln, Käse, Paprikaschoten, Zwiebeln, Oregano und Salz (Gofio escacho). In einer Fleisch-, Gemüse- oder Fischsuppe eingebunden heißt es „Gofio escaldado".

ZIEGENKÄSE UND VULKAN-WEIN

Wie gut es den Ziegen auf den Kanaren gefällt, schmeckt man am Käse. Während der „Queso de Flor" (Blumenkäse) sein besonderes Aroma einer Distelblüte verdankt, die für die Gerinnung der Milch sorgt, ist es bei anderen Sorten die besondere Art des Räucherns – zum Beispiel über Kiefernholz, Kaktusfrüchten oder Mandelschalen.

Die besten einheimischen Weine wachsen auf Teneriffa, Lanzarote und La Palma. 1505, also bereits elf Jahre nach der Eroberung durch die Spanier, pflanzten Fernando del Hoyo und Juan Cabrera im palmerischen Aridanetal die ersten Reben. Die älteste Bodega hingegen findet sich auf Lanzarote und zwar seit 1775. El Grifo liegt im berühmten Weinbaugebiet La Geria, wo der Malvasia und der Moscatel dominieren. Normalerweise hätten in der Lava nur Flechten ein Auskommen. Doch die Weinstöcke werden so tief gesetzt, dass sie mit ihren Wurzeln das Erdreich erreichen und für die Bewässerung sorgt dann ausgerechnet das Lavagranulat, indem es nächtens den Tau sammelt und am Tag an den Boden weitergibt.

Oben:
Käserei Benijos (Teneriffa). Eine besondere Spezialität der Kanaren sind die verschiedenen Ziegenkäse. Die kauft man am besten an Ort und Stelle.

Ganz oben:
Blick in den Verkaufsraum der Casa del Vino bei El Sauzal (Teneriffa). In dem alten Gutshaus aus dem 17. Jahrhundert gibt es auch eine kleine Exposition zur Geschichte des Weinbaus.

Links:
Antonio Suarez verkauft seine Weine (Moscatel, Malvasia und Tinto) nur in der hauseigenen Bodega auf Lanzarote.

Seite 140/141:
Lomo de Balo im Valle Gran Rey. Das berühmte Tal auf La Gomera ist eine Welt für sich. Rund 3500 Menschen leben hier wie im Paradiesgarten. Früchte, Gemüse und Blumen gedeihen in üppiger Vielfalt.

Während Mojo auch die Besucher überzeugen konnte, beschränkt sich der Verzehr von „Gofio" vornehmlich auf die Einheimischen. Das geröstete Getreidemehl war über Jahrhunderte hinweg

Rechts:
Auf La Gomera gelten die Esel keineswegs als dumm. Störrisch? Ja, das kommt schon ab und zu einmal vor. Aber da muss man sich eben noch ein bisschen sturer stellen als die Tiere.

Unten:
Das im Süden von La Gomera gelegene Vueltas besitzt einen Hafen, der von einer 500 Meter hohen Steilwand gerahmt wird. Es bestehen Pläne, ihn so weit auszubauen, dass künftig auch Passagier- und Kreuzfahrtschiffe anlegen können.

Oben:
Allzu viele Menschen lebten nicht mehr in Benchijigua (La Gomera), als der Ort zur Modellsiedlung erklärt und dadurch den Bewohnern eine neue Perspektive eröffnet wurde. Inzwischen sind die teilweise verfallenen Häuser originalgetreu restauriert worden.

Links:
In San Sebastián, dem Sitz der Inselregierung von La Gomera, gibt es eine bemerkenswerte Hinterlassenschaft aus der Eroberungszeit zu sehen. So das aus dem 15. Jahrhundert stammende Zollhaus, den Grafenturm, das Rat- und das Kolumbushaus.

NOCH IMMER VON GEHEIMNISSEN UMWITTERT –
DIE ALTKANARIER

Fest steht nur eines: Als die Spanier auf die Inseln kamen, waren andere schon vor ihnen da. Wie lange und von woher, darüber gab es die unterschiedlichsten Hypothesen. Zumindest bis zum Jahre 1992, als auf Teneriffa ein Stein gefunden wurde, dessen Inschrift „Zanata" ziemlich eindeutig ist. Handelt es sich doch um den Namen eines Berberstamms, der zunächst im Norden des heutigen Marokko siedelte und später, im 3. Jahrhundert n. Chr., mit den Römern aneinander geriet und deshalb in den südlichen Atlas auswich. Offensichtlich war dies aber nur eine Zwischenstation auf dem Weg nach Teneriffa. Das passt

Unten:
Auf der Montaña de las Cuatro Puertas – Berg der vier Tore – bei Ingenio (Gran Canaria) fanden die Archäologen einen Versammlungsplatz sowie eine Opferstätte der Altkanarier.

Oben rechts:
In dem Städtchen Candelaria (Teneriffa) finden sich diese bronzenen Skulpturen der Guanchenkönige. Sie sind ein Werk des kanarischen Künstlers José Abad.

auch zu den Theorien und Experimenten Thor Heyerdahls, der den Nachweis erbrachte, dass die großen Weltmeere für unsere Vorfahren weit weniger trennend gewesen sind, als wir uns das heute vorstellen können, und die Überquerung des Atlantiks mit Schilf- oder Papyrusbooten möglich war. Der querdenkende Norweger ging allerdings noch weiter. Nachdem er im Sommer 1990 die Welt mit der sensationellen Meldung überrascht hatte, im Tal von Güimar (Teneriffa) auf drei Pyramiden gestoßen zu sein, zog er daraus den Schluss, dass zwischen den Kanaren und Amerika schon lange vor Kolumbus eine Verbindung existiert haben muss.

Allerdings gibt es auch Stimmen, die in Güimar beim besten Willen keine Pyramiden erkennen können, beziehungsweise erst, nachdem Heyerdahl die wüsten Steinhaufen entsprechend sortiert und arrangiert habe.

DER GUANCHENCODE

Obwohl es den Ureinwohnern am Ende doch nichts geholfen hat, bezeugten ihnen die spanischen Chronisten Respekt. Hießen sie großmütig, ehrenvoll und tapfer. Juan de Abreu de Galindo lobte ausdrücklich die „gute Regierungsform, korrekte Administration und pein-

Im Gegensatz zur Beisetzung in Höhlen waren solche Tumulusbestattungen wahrscheinlich nur auf Gran Canaria üblich. Die meisten dieser Gräber wurden im Nordosten, auf der Halbinsel La Isleta, gefunden. Das größte, La Guancha geheißen, findet sich ebenfalls im Norden, aber auf der anderen, westlichen Seite nahe Gáldar. In ihm fanden gleich 30 Menschen ihre letzte Ruhestätte. Apropos Gáldar. Zu der prähistorischen Metropole, die hier in Teilen erhalten ist, gehört ein ausgedehntes Höhlensystem. Höhepunkt ist dessen mit farbigen Bemalungen versehener Hauptraum. Nachdem die Archäologen die lange vernachlässigte Fundstätte über 20 Jahre hinweg untersucht und gesichert haben, ist sie seit 2006 als archäologischer Park Cueva Pintada der Öffentlichkeit zugänglich.

liche Gerechtigkeit". Weiter heißt es bei ihm: „Wenn einer von den Edlen starb, legten sie den Leichnam in die Sonne, und nahmen die Eingeweide heraus, welche sie wuschen, und in die Erde gruben. Den Leichnam trockneten sie, wickelten ihn in Windeln von Ziegenfellen ein und stellten ihn dann aufrecht in eine Höhle, mit den selben Kleidern angetan, die er in seinem Leben getragen hatte. War aber keine geeignete Höhle vorhanden, so trugen sie den Leichnam an einen steinigen Ort, machten den Boden eben, bepflasterten ihn mit den herumliegenden kleinen Steinen und machten einen Sarg von sehr großen Steinen über ihn."

Von der Kultur der Steinzeitmenschen zeugen auch ihre Felsbilder, an denen vor allem La Palma reich ist. Mäandernde Schlangenlinien finden sich besonders häufig. Dazu Spiralen. Die größten und schönsten in der Cueva del Belmaco. Wer die Petroglyphen im Tumulus von Gavrinis in der Bretagne kennt, wird aus dem Staunen über die verblüffende Ähnlichkeit nicht herauskommen. Nicht zu vergessen Los Letreros de El Julán auf El Hierro, einer der bedeutendsten Kultplätze der Altkanarier. Mit einer Fülle geheimnisvoller, in den Stein geritzter Zeichen und Symbole, die bis heute nicht entschlüsselt werden konnten.

Oben:
Ihrem heiligen Berg Tindaya auf Fuerteventura haben die Altkanarier über einhundert schematisierte menschliche Füße eingeritzt, über deren Sinn die verschiedensten Hypothesen kursieren.

Oben links:
Die Gravuren, die die Altkanarier in La Zarza (La Palma) den Steinen eingeritzt haben, ähneln sehr den in der Bretagne und in Nordafrika gefundenen Petroglyphen.

Mitte:
Im Parque Etnográfico Pirámides de Güímar auf Teneriffa. Thor Heyerdahl begann 1990 mit den Ausgrabungen und widmete sich bis zum Jahre 2002, also bis kurz vor seinem Tode, diesem Projekt.

Links oben:
Der unterhalb von Fuencaliente (La Palma) gelegene, 657 Meter hohe Vulkan San Antonio ist gut mit dem Wagen zu erreichen. Der Krater hat einen Durchmesser von rund 500 Metern.

Links Mitte:
Fischer vor der Punta de Fuencaliente, dem südlichen Zipfel von La Palma. In den Gewässern um die Kanaren gibt es an die 400 Arten Fische und Meerestiere, deren Bestand jedoch durch Überfischung sowie Dynamitfischerei beträchtlichen Schaden genommen hat.

Links unten:
Auf der Fahrt von Fuencaliente hinunter ans Meer fallen schon von weitem die Salinen ins Auge. Das aus dem Meer gewonnene weiße Salz bildet einen scharfen Kontrast zur schwarzen Lava beziehungsweise Asche der Umgebung.

Unten:
Durch eine Lavalandschaft mit ständig wechselnden Farbspielen führt ein Pfad auf den Kraterrand des San Antonio, der – ob seiner gleichmäßigen Ausformung – als „Bilderbuchvulkan" gilt. Der letzte Ausbruch datiert aus dem Jahre 1677.

Oben:
Die rund zwei Kilometer von El Paso (La Palma) entfernte Wallfahrtskapelle ist der Señora del Pino gewidmet. Wie der Name sagt, soll die Jungfrau Maria einst in einer Kiefer erschienen sein.

Rechts:
Im Vergleich zu den auf den Kanaren wachsenden Weihnachtssternen, die eine Höhe von drei bis vier Metern erreichen, sind die bei uns angebotenen nur Zwerge. Übrigens: Bei dem roten Schmuck handelt es sich nicht um Blüten, sondern um Blätter.

Oben:
Der Mirador de las Chozas ist auf einer über der Caldera de Taburiente (La Palma) schwebenden Felskanzel gelegen. Von dort bietet sich ein überwältigender Blick tief in das labyrinthische Innere des riesigen Kessels.

Links:
Zumindest was die Farbenpracht betrifft, macht die Cascada Colorada (Caldera de Taburiente) ihrem Namen alle Ehre. Doch mit dem Wasserzulauf ist das so eine Sache. Manchmal nur ein Rinnsal, wird er nach Regenfällen innerhalb kürzester Zeit zum reißenden Wildbach.

Rechts:
Straßencafé in Santa Cruz. Die Hauptstadt von La Palma zählt zu den sehenswerten Ortschaften des kanarischen Archipels. Im Jahre 1493 gegründet, wuchs sie rasch zu einem der wichtigsten Häfen des spanischen Imperiums. Ihr Reichtum rührte vor allem aus dem Handel mit Amerika.

Unten:
An der Strandpromenade von Santa Cruz de La Palma gibt es einige alte denkmalgeschützte Häuser zu bewundern. Vor allem die prächtig verzierten hölzernen Balkons sind eine Augenweide. In den Untergeschossen der Gebäude sind Restaurants und Läden untergebracht.

Oben:
Eine Nachbildung der „Santa Maria", jenes Schiffes also, mit dem Kolumbus nach Amerika segelte, bildet die Hülle des Museo Naval in Santa Cruz de La Palma. Der Seefahrer hat die Insel allerdings nie betreten.

Links:
An der Plaza de España schlägt das Herz von Santa Cruz de La Palma. Sie wird von Bürgerhäusern aus dem 17. Jahrhundert sowie dem herrlichen Renaissance-Rathaus und der Iglesia de El Salvador umrahmt, die zu großen Teilen aus dem 16. Jahrhundert stammt.

Seite 152/153:
Die Iglesia de San Blás in Mazo ist rund 500 Jahre alt. Kunsthistorisch bedeutsam sind der Hochaltar, die Decke des Altarraumes sowie verschiedene Skulpturen. Im Hintergrund liegt Santa Cruz de La Palma.

REGISTER

	Textseite	Bildseite
El Hierro		
El Golfo	129	135
El Sabinar		135
La Restinga		136
Las Playas		133
Los Letreros de El Julán	145	
Los Llanillos		42
Malpaso		134
Mirador de Isora		133
Mirador de Jinama		129
Playa de Lines		136
San Andrés		19
Tamaduste		133
Tiñor		132
Valverde		132
Fuerteventura		
Agua de Bueyes		60
Ajuy/Puerto de la Peña		62
Antigua		61, 62
Betancuria		66
Corralejo	116	20, 32, 56
Costa Calma		32
El Cotillo		57
Gran Tarajal		66
Jandía		7, 68, 69
La Pared		63
Las Playitas		67
Morro Jable		68
Playa de Barlovento		69
Playa de Cofete		69
Playas de Sotavento		7
Punta de la Entallada		67
Tefia		58, 59
Tindaya		145
Tuineje		63
Vega de Río de las Palmas		61, 63
Gran Canaria		
Agaete		111–113, 117–119
Agüimes		127
Andén Verde		24, 121
Arucas		109
Caideros		111
Caldera Pinos de Gáldar		43
Cenobio de Valerón		111
Cueva Pintada	145	
Gáldar	145	111
La Aldea de San Nicolás		117
La Isleta	145	
Las Palmas de Gran Canaria	20, 72, 117	21, 73, 102–108, 138
Maspalomas	73	72, 126
Montaña de las Cuatro Puertas		145
Pico de las Nieves	73	
Playas de Güigüi		122
Playa de las Alcaravaneras		108
Playa de las Canteras		102
Playa de los Amadores		125
Puerto de las Nieves		113

	Textseite	Bildseite
Puerto de Mogán		124, 125
Puerto Rico		126
Roque Bentayga		71, 120
Roque Nublo		71, 120
Santa Lucía de Tirajana		127
Soria		122
Tejeda		120
Teror		109
La Gomera		
Agalán		23
Benchijigua		143
Garajonay	24, 131	25, 131
Lo del Gato		11
Lomo de Balo		139
Mirador de Palmarejo		53
San Sebastián	21	21, 143
Valle Gran Rey	116	53, 139
Vueltas		142
La Graciosa		54, 55
Lanzarote		
Arrecife		32, 52
Arrieta		50
Costa Teguise	32, 52	
Cueva de los Verdes		53
El Golfo		35
Famara-Gebirge		54
Femés		36
Haría		47
Jameos del Agua	53	
La Geria		43, 47
Mala		46
Mancha Blanca		41
Mirador del Río	53	53
Montaña Maneje	53	
Mozaga		41
Órzola		50, 51
Playa Blanca	32	33
Playas de Papagayo	33	31, 34
Pueblo Marinero	52	
Puerto del Carmen	32	
Salinas de Janubio		35
Tahíche		52
Teguise	31	40
Timanfaya-Nationalpark/ Montañas del Fuego	24, 43	25, 31, 38, 39, 42, 43
Yaiza	43	36, 37
La Palma		
Caldera de Taburiente	24	25, 131, 149
Cueva del Belmaco	145	
El Paso		148
Fuencaliente		146, 147
La Zarza		145
Los Canarios		131
Mazo		151
Mirador de las Chozas		149

154

	Textseite	Bildseite		Textseite	Bildseite
Puntagorda		.117	Icod de los Vinos		.92
Roque de los Muchachos	.24, 131	.131	Igueste		.83
San Antonio		.146, 147	La Laguna	.21, 71, 116	.20, 78, 79
Santa Cruz de La Palma		.150, 151	La Orotava	.33, 72, 116	.73, 86, 117
			Los Cristianos		.101
Los Lobos		.56	Los Gigantes		.98
			Masca		.7, 93
Teneriffa			Mesa del Mar		.85
Anaga-Gebirge	.16	.17, 19, 72, 83	Playa de la Arena		.98
Caldera de las Cañadas	.71		Playa de las Américas		.100
Candelaria		.144	Playa de las Teresitas		.82
Carrizal Alto		.93	Playa de Martiánez		.88
Costa de Adeje		.99	Puerto de la Cruz		.52, 88–91
El Caletón		.92	Puerto de Santiago		.98
El Médano		.101	Punta del Hidalgo		.85
El Pris		.11	Punta de los Roquetes		.82
El Sauzal		.85, 139	Roque Cinchado		.94, 97
Esperanzawald	.20	.43, 72	Santa Cruz de Tenerife	.19, 21, 117	.72, 76, 77
Garachico		.11, 116	Taganana		.17, 83
Güimar	.144	.145	Teide	.24, 71, 94, 95	.85, 94–97

155

IMPRESSUM

Buchgestaltung
SILBERWALD
Agentur für visuelle Kommunikation, Würzburg
www.silberwald.biz

Karte
Fischer Kartografie, Aichach

Alle Rechte vorbehalten

Printed in the EU
Repro: Artilitho snc, Lavis-Trento, Italien
www.artilitho.com
Druck/Verarbeitung: MultiPrint ltd, Kostinbrod,
Bulgarien – www.multiprint.bg
© 3. Auflage 2017 Verlagshaus Würzburg GmbH & Co. KG
© Fotos: Jürgen Richter
© Texte: Ernst-Otto Luthardt

ISBN 978-3-8003-4451-2

Unser gesamtes Programm finden Sie unter:
www.verlagshaus.com

Im Museumsdorf Guinea (El Hierro) kann man eine Zeitreise in die Vergangenheit unternehmen. Damals wie heute mit dabei – der Esel.